甘棠书系

清人联语别集笺注

范当世联语辑注

主编……常江
辑注……孙建 潘洪斌

广西美术出版社

范当世

图书在版编目（CIP）数据

清人联语别集笺注. 范当世联语辑注 / 常江主编；孙建，潘洪斌辑注. -- 南宁：广西美术出版社，2025. 5.
ISBN 978-7-5494-2816-8

Ⅰ. I269.6

中国国家版本馆CIP数据核字第202519ZZ67号

……………………………………………………………

清人联语别集笺注 **范当世联语辑注**

QINGREN LIANYU BIEJI JIANZHU FAN DANGSHI LIANYU JIZHU

主　　编：常　江
辑　　注：孙　建　潘洪斌
出 版 人：白竹林
总 策 划：谢　冬　杨　勇
策划编辑：刘　丽
责任编辑：吴观寒
书籍设计：陈　凌
美术编辑：李　冰
校　　对：韦晴媛
监　　制：黄庆云　莫明杰
出版发行：广西美术出版社
地　　址：广西南宁市青秀区望园路9号
邮　　编：530023
印　　刷：广西民族印刷包装集团有限公司
开　　本：787 mm × 1092 mm 1/16
字　　数：197千字
印　　张：10.25
版次印次：2025年5月第1版第1次印刷
书　　号：ISBN 978-7-5494-2816-8
定　　价：68.00元

甘棠书系

“清人联语别集笺注”编委会

范当世像

总序

忘记是摄影还是绘画，也忘记在何时何地看到：一棵树，独绿于沙漠之上、阳光之下，亮丽，抢眼，比起“万绿丛中一点红”，多了几分震撼。

我曾久久地看着、想着、回味着，突然觉得那棵树是棠树，有很大很大树荫的棠树。那树下坐着办公的，不再是召公，而是得到召公遗爱的一群当代人。他们没想到治国安天下，只是将甘棠作为一种理念与信仰，在商量并且付诸行动：在棠树周围种出一片片联林，越种越远；这些树木，要常青常绿，高品质，高追求，以新的风景，改变“局部小气候”。

甘棠人开辟出的第一片风景，是“甘棠奖”。这个奖是不是权威，要历史认定，但它确定是高尚的：获奖者不是凭一副联，而是从年度作品中自选十副得意之作，靠的是整体水平；评奖者是个庞大的团队，几乎代表了时下楹联创作和研究的“天花板”，且见不到一位“楹联官员”的名字，却有诗词大家的位置，因此，他们的投票情况是敢于公布的；参加颁奖典礼的楹联人，竟可以享受走蓝地毯这样崇高的礼遇。

谁能想到，楹联创作的风景如此美好。

甘棠人开辟出的第二片风景，是“甘棠丛书”。出版丛书，是个长远的计划，有诸多的项目，恕我不能详加介绍，否则，既不符合甘棠人“做了再说”的风格，也让出版社的选题过早暴露。但第一个项目“清人联语别集笺注”丛书已经问世，是一定要说说的。

我曾经和许多人一样，对于各种文学史不收入楹联而愤愤不平，直到现在，如果哪种文学断代史、文学类型史说上几句楹联，我们都会报以热烈掌声，仿佛得到了高度认可，甚至某种胜利。可我们却从来不想想，怎么写进去，写什么进去。文学史的内容，主要就是作家与作品。假如我是一个工匠，要砌“文学史”这面墙，“杜甫诗”“稼轩词”大可放心使用，但拿起大名鼎鼎的“苏轼楹联”这块“砖”，你敢砌进去吗？苏轼是位雅人、俗人都喜欢的人物，他虽命运多舛，却是人们茶余饭后的喜剧角色，关于他的对联传说，是文人笔记中“蹭热点”的话题，到底哪些是真、哪些是假，没有人梳理过。把这样的“砖”砌进墙里，终成破洞；砌进堤内，终成管涌。难过的是，楹联界所谓“历代名人”的联语，几乎都没有被认真梳理过，满地都是“碎砖头”。全都凑凑合合堆进去，“文学史”岂不是“豆腐渣工程”？

平心而论，在当代楹联发展的早期，有心人注重搜集、出版各类楹联作品集，是有积极作用的。出现“听风就是雨”“不问青红皂白”“多多益善”的现象，也情有可原。几十年了，各地出版“集成”的高潮已经过去；该争论的话题，似乎永远不会停止；振奋人心的预言，留给未来。当下，有志于楹联文化的人，该重新考虑“楹联作家和作品”这一永恒的主题了。不研究“楹联作家和作品”，中国楹联史就没办法落笔；没有楹联史，楹联学就会残缺；不搞楹联学，楹联界还有什么“学术”可言？

然而，研究“楹联作家和作品”，很难，也很复杂。搜寻、整理、辑佚、增补就已经很不容易了，点校、辨伪、考讹、笺注更不是人人都敢碰的。研究“楹联作家和作品”要具备三个条件：有一个好的作品底本，可以与其他本子参校；有关于作家的丰富的史料，可以详尽地对照取舍；有一批具备历史眼光、学问功底和坚强毅力的学者，互相助力。

当甘棠人认识到“楹联作家和作品”的巨大价值和潜在意义之后，

便又一次聚集在棠树下。那里已经有创作团队，是活跃在联坛上的中坚力量；也有评审团队，是威望重、素养高、创研俱佳的诗联宿将；还有眼力独特、思维全面的甘棠风景的设计者。如今又有一些成就斐然的中青年学者，与德高望重的老先生们一起整装出发，去组建甘棠大军的先头部队，完成“清人联语别集笺注”丛书，努力让那些“养在深闺人未识”的对联集尽早地“飞入寻常百姓家”。按着规划，清人的作品集将分批出版，最先与读者见面的是张之洞、范当世、王闿运、俞樾、梁章钜等人的作品，成熟一批，出版一批，出版顺序与联家的社会地位、影响程度、作品高下毫无关系。

这样的系统工程，诗词人早就完成了，为诗史、词史提供了稳妥的资料，并积累了宝贵的经验。楹联界似乎才刚刚开始，亡羊补牢吧，该做的总要做，也总要有人来做。我们给这套书的定位是：既有史料意义，又有阅读价值，还能发挥一定的学术引导作用。

欢迎更多的朋友到棠树下聚合，甘棠人，永远在创造新风景的路上。

常江

癸卯二伏于北京丰台两栖轩

序

2000年的时候，我与献县朱惠民先生、沧州马平先生一道，以一个共同的笔名“施三妹”，在《沧州晚报》上开辟了一个对联题材的专栏，叫《三联工作室》。《三联工作室》日常的通联、组稿、校对工作由我负责，朱、马二先生则负责这个栏目的品位与高度。两年之后，这个栏目在沧州内外取得了较高的声誉，有一部分沧州楹联爱好者通过这个栏目，逐渐走出了沧州，走向了全国，而我个人也得到了历练提升，慢慢地敢写对联能写对联了。

2001年的时候，我停薪留职，应范曾先生之邀，参与整理《南通范氏诗文世家》。随着整理工作的深入，这个文化家族的很多细节被挖掘出来，其中包括范曾先生的曾祖范当世的楹联。

范当世是一个自命不凡的人，幼年即能对偶，工敏惊长老。既长，师武昌张濂亭，友桐城吴挚甫，私淑曾文正，周旋李文忠，吞吐八荒，志怀深远，浸淫二酉，才气高扬。范当世生平撰著，诗文俱佳，多得力于古文。楹联本其余绪，然文不苟作的习惯，令“虽一极寻常细小题目，苟出其手，即若龙虎跳掷，不可捉摸”（《对联话》卷六），这种狮子搏兔用全力的精神，让他的楹联“大气磅礴，不落凡蹊”（姚鹓雏《梦湘阁说觚》），各作“均倚天拔地，不主故常”（《对联话》卷五），王锡韩所谓“是能以古文法作联语者”也，吴恭亨谓“范肯堂联学几于传钵曾文正”，而徐一瓢更言“曾文正而后，无与抗手者”。

刚刚步入楹联世界的我，有幸接触到楹联大家范当世的对联，深深被他独树一帜的古文写法所震撼，当时便忙里偷闲集中精力做了一番努力，包括搜集佚联，注释文本，考证源流，最后形成了《范伯子联语曹注新笺》稿本。可惜限于体例，这个书稿并没有纳入《南通范氏诗文世家》一书而出版。随着整理工作的结束，我的三分钟热度也降了下来，并将主要精力转移到沧州区域文化上来，于是乎书稿就一直尘封在电脑的硬盘里。

直到去年，洪斌兄通知我“甘棠丛书”编委会有把范当世楹联列入“清人联语别集笺注”项目的计划，欣喜之余，才又重新拾起这份书稿。然而二十余年的搁置，已经让它不太合乎潮流与标准，而我更无力对它进行一次改头换面的“大手术”，于是洪斌兄自告奋勇，承担起剪裁、改编、解说的重任，尤其是点评环节，或寥寥数语，中其肯綮，或娓娓道来，旁征博引，亏他功力超群，轻车熟路，不多时日，书稿便已令人耳目一新，如同出土文物被精心修复，从一堆碎铜烂铁华丽转身为国宝，一亮相就光彩夺目，让人惊艳不已；又仿佛一个“难产”多年的“老婴儿”，被洪斌兄这个联坛“稳婆”催生出来，一落草就俯囟合掌，感恩不已！

楹联是一种博学而精思的艺术，这本书的问世，洪斌兄的精思显然弥补了我学养上的很多不足！

孙建

2022年10月19日

凡例

一、本书以曹文麟《范伯子联语注》为基础，辑佚补遗，共得联116副。原书收录部分编为卷上，辑佚补遗部分编为卷下。

二、注释部分以解释联题、联语所涉及人名、地名、古今事件及典故出处为主。

三、解析部分内容包括联语的其他出处及对各家评语的注释，偶有文艺赏析。

四、汇评部分汇总曹文麟、王锡韩、吴恭亨、徐一瓢、姚鹓雏、高拜石、沈云龙、王揖唐、陆家骥、瞿镜人、梁羽生等名家评注。

五、注释、解析、汇评三部分因题而定，有者录之，无者缺之。

六、附录部分《范当世年谱简编》是据编者《伯子先生年谱》缩略而成，纪年均用旧历。《范肯堂墓志铭》《范肯堂先生事略》《范伯子联语注·序跋》则谨录原文，他人赠挽范当世之联作及本书主要参考书目亦附后。

目次

卷上

卷　下

附　录

卷上

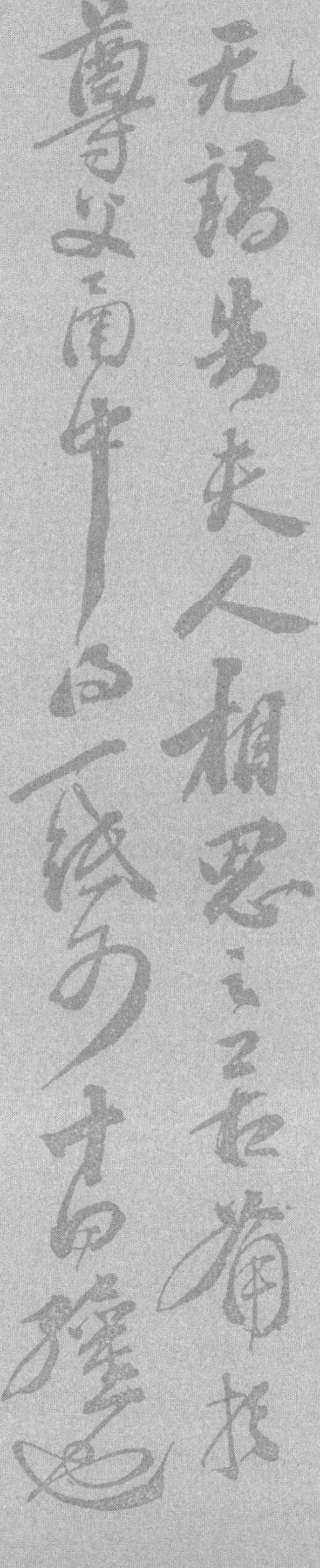

代郑大令骧武邑观津书院

自来学校以书院辅之，如今比屋东西，稍有欢颜在风雨；
吾为父兄望子弟成耳，此后一官南北，还将老眼看云霄。

【注释】

郑骧：字筠似，号云史，江西金溪人。道光二十九年（1849年）拔贡，授正白旗教习，历官直隶房山、青县等县知县。

稍有欢颜在风雨：化用杜甫《茅屋为秋风所破歌》“安得广厦千万间，大庇天下寒士俱欢颜，风雨不动安如山！”

老眼看云霄：元好问《送阎子实焦和之北上》“秦府贤初聚，瀛洲路不遥。谟谋在廊庙，物色到渔樵。布褐岂终隐？旌车行见招。春风两黄鹄，老眼看云霄”。

【解析】

武邑观津书院乃道光二十三年（1843年）由知县雷五福创建。据《范伯子文集》卷三《重修观津书院增建试院记》记载：“光绪十一年夏，署武邑县金溪郑君来见，吾亦与之饮。退而吴君谓我是有意教其人者，而惜乎不能久于斯也。及秋，吾还江南。冬，又来，则郑君已有钱六百万修复观津书院，聘吾为师，而大府亦以是留君。”

此联以散句起，以律句结，中以六言斡旋其气，句法变化有章，不滞不流。上比言书院之用，虚写实写，层层引进；下比由书院语及学子，冀之励之，确是县官口吻。联中“东西、南北”“风雨、云霄”诸字属对工妙，即首句“学校书院、父母子弟”之自对，亦未肯轻易放松。

【汇评】

曹文麟：先生文集卷三有《重修观津书院增建试院记》，详述郑君教养之绩及不能久于其位之故。武邑县属冀州，时吴挚甫先生知冀州事。

吴恭亨：学校对联最不易着笔，以高者失之迂远，低者又失之陈腐也……范肯堂代题武邑观津书院联云："自来学校以书院辅之，如今比屋东西，稍喜欢颜在风雨；吾为父兄望子弟成耳，此后一官南北，还将老眼看云霄。"又代吴挚甫题书院赠郑骧联云："明公家法有礼堂手订之经，异日当成通德里；此地昔时多燕赵悲歌之士，为我一吊望诸君。"两皆沉着淋漓，读之击壶欲缺。

王锡韩：范肯堂先生客冀州时，吴挚甫刺史（汝纶）使主武邑观津书院，郑大令（骧）丐先生代题楹语为院中纪念，先生撰一联云云，又代吴即院中赠郑联云云。其后，江南高等学堂成，先生又代李香缘方伯（有棻）撰联曰："帝以此地为十八行省之所先，屡诏观成，闿泽遂流江上下；天俾圣人至二千余年而益大，通方设教，声明何闲海西东。"是能以古文法作联语者。

徐一瓢：先生为郑题书院联云："自来学校以书院辅之，如今比屋东西，稍有观颜在风雨；吾为父兄望子弟成耳，此后一官南北，还将老眼看云霄。"此以�虽著教养之绩，而不能媚大府，因不安于其位，乃感慨言之。

代吴刺史汝纶观津书院赠郑骧

明公家法有礼堂手订之经，异日当成通德里；

此地昔时多燕赵悲歌之士，为我一吊望诸君。

【注释】

明公：旧时对有名位者的尊称。

家法：因郑骧而联及郑玄，故称家法。

礼堂：《后汉书》卷三十五《郑玄传》载其《戒子书》"末所愤愤者，徒以亡亲坟垄未成，所好群书率皆腐敝，不得于礼堂写定，传于其人"。

通德里：指郑玄故里。东汉时，为表彰郑玄之德，在其故乡造通德门，故址在今山东省高密市西北。《后汉书·郑玄传》："昔东海于公仅有一节，犹或戒乡人侈其门闾，矧乃郑公之德，而无驷牡之路！可广开门衢，令容高车，号为'通德门'。"近人张舜徽《四库提要叙讲疏·经部总叙·礼类》："郑氏遍注三礼，为世所宗……要之，《三礼》自是郑学，其于勘正文字异同，疏说名物情状，厥功不细。"

燕赵悲歌之士：韩愈《送董邵南游河北序》"燕赵古称多感慨悲歌之士"。

为我一吊望诸君：韩愈《送董邵南游河北序》"为我吊望诸君之墓，而观于其市，复有昔时屠狗者乎？"望诸君，战国时燕国名将乐毅为燕惠王所疑，奔赵，赵国封他于观津，号望诸君。《史记·乐毅列传》："乐毅知燕惠王之不善代之，畏诛，遂西降赵。赵封乐毅于观津，号曰望诸君。"司马贞《索隐》："望诸，泽名，在齐。盖赵有之，故号焉。"按，观津旧域，东光、武邑皆得其分，故两县皆有观津书院。蒋师辙《台游日记》卷一："东光县，古观津地也。乐毅自燕降赵，封于观津，号望诸君，即此。"

【解析】

切人切地，双股盘曲并行，浑然一体，复拉郑玄、乐毅作陪，以古喻今，更觉曲笔生姿，游刃有余。此联章法之妙，思力之深，迥异庸俗，而吴汝纶改易二处，尤见属对之工。

【汇评】

曹文麟：吴挚甫先生集亦载此联，易"手订"为"写定"，"燕赵"为"燕市"。郑字筠似，挚甫先生集有《郑筠似八十寿序》，有云："故事，摄县率一年为限，余为请于大府，留君三年，以竟其事。自初讫终，经划井井，于是武邑之俗大化。"

徐一瓢：先生又代挚父题书院赠郑骧云："明公家法有礼堂手订之经，异日当成通德里；此地昔时多燕赵悲歌之士，为我一吊望诸君。"挚父集亦载此联，易"手订"为"写定"，"燕赵"为"燕市"，前人代作，不妨两集并存也。

寿登莱青道李子木之母夫人

诸侯敛衽而朝，宜有雄风表东海；

王母称觞于此，正当初日照神山。

【注释】

登莱青道：按《清史稿·地理志》，山东一省计分济（南）东（昌）泰（安）武（定）临（清）道、兖（州）沂（州）曹（州）济（宁）道、登（州）莱（州）青（州）胶（州）道三道，后因胶州被德国租借，登莱青胶道变为登莱青道。

李子木：疑即李希杰（1854—？），汉军正白旗，同治十二年（1873年）举人，累官至浙江按察使、顺天府尹。光绪二十四年（1898年）至二十九年（1903年）任登莱青道。编者按：清末李姓任登莱青道者有二，一为李兴锐，一为李希杰，兴锐于光绪十六年（1890年）任，然其母卒于光绪十年（1884年），即兴锐任登莱青道期间，必无为母祝寿事，故不应是兴锐。

诸侯敛衽而朝：《史记·货殖列传》“齐冠带衣履天下，海岱之间敛袂而往朝焉”。桓宽《盐铁论·非鞅》：“诸侯敛衽，西面而向风。”方孝孺《深虑论四》：“当七国之时，周虽已衰，使有贤主，如宣王者复出，赫然奋发，举文武之遗典而修明之，诸侯有不敛衽而朝者乎？”敛衽，整饬衣襟，表示恭敬。

宜有雄风表东海：语出《左传·襄公二十九年》“为之歌《齐》，曰：‘美哉，泱泱乎！大风也哉！表东海者，其大公乎？’”乃吴公子季札称赞齐国之乐语。伯子借以颂扬李公业绩。

王母称觞：化用周穆王称觞西王母典故。《穆天子传》卷三：“甲子，天子宾于西王母，乃执白圭玄璧以见西王母……乙丑，天子觞西王母于瑶池之上。”后世常为祝贺女性寿诞所用。称觞，举杯祝酒。

初日照神山：纥干俞有《海日照三神山赋》，见《全唐文》卷七百二十三。

【解析】

范曾先生曾于所藏《范伯子联语注》此联下批道："时伯子客次齐鲁，李子木乞联。伯子立就，李大喜过望，奉银五百，以壮行色云。"南通瞿镜人先生《范当世二三事》复云："李母时已双目失明，以夙通文艺，祝贺文字李子木皆为母口诵。读至范联，李母大喜，遂命子木以五百元赠之。时当岁暮，范正落拓山东道上，得此才打破窘况，乐为贤母孝子赞颂者，一时当做美谈传播。"胡君复《古今联语汇选初集·庆贺一》选有此联，"雄风"作"大风"。

母以子贵，故贺母寿先赞其子，上联雍容大气，下联华丽瑰奇，可谓颂扬得体，然较之寿李相联，媚骨犹存，竟成俗艳。盖先生当时落魄，或有忮求之心，李子木赠银五百，亦有所察也。

【汇评】

王锡韩：李子木观察在登莱青兵备道任时，其母夫人七十寿辰，观察就署内置酒觞客，一时以联为寿者甚众。范肯堂先生撰一联曰："诸侯敛衽而朝，宜有雄风表东海；王母称觞于此，正当初日照神山。"落落大方，诸联多不能及。范又祝李文忠联云："环瀛海大九州，钦相国异人，何待子瞻说威德；登泰山小天下，藉通家上谒，方今文举足平生。"

寿李相

环瀛海大九州，钦相国异人，何待子瞻说威德；

登泰山小天下，藉通家上谒，方今文举足平生。

【注释】

李相：李鸿章（1823—1901），字少荃，晚号仪叟，安徽合肥人。道光二十七年（1847年）进士，授编修。咸丰三年（1853年），在籍办团练抵抗太平军。1858年入曾国藩幕。1861年编练淮军。同治元年

（1862年），调上海任江苏巡抚。与戈登“常胜军”合力抵抗太平军，复占苏、常、嘉、湖。封一等肃毅伯，署两江总督。同治五年（1866年），任钦差大臣，镇压东、西捻军。同治九年（1870年），为直隶总督兼北洋通商事务大臣。授武英殿大学士、文华殿大学士。于南方创设上海广方言馆、金陵机器局、轮船招商局、上海机器织布局等。又与曾国藩建江南制造局。于北方则开办开平矿务局、天津电报总局、津榆铁路等。以“自强”“求富”为口号，为洋务派首脑。又创建北洋海军。外交以妥协求和为宗旨。中法战争乘胜求和，中日战争力求避战，分别签署《中法新约》《马关条约》。光绪二十二年（1896年）签署《中俄密约》，允许沙俄在我国东北建筑铁路。八国联军之役，以全权大臣与奕劻共同签署《辛丑条约》，皆为贬损中国权益之不平等条约。卒谥文忠。有《李文忠公全集》。《清史稿》卷四百一十一有传。光绪十七年（1891年），伯子以吴汝纶之荐而得居李鸿章西席，教授其季子经迈；光绪二十年（1894年）因甲午战败而南归，一生荣辱以此数年为最，则李文忠固影响先生命运之关键人物。

环瀛海大九州：化用《史记·孟子列传》“中国名曰赤县神州。赤县神州内自有九州，禹之序九州是也，不得为州数。中国外如赤县神州者九，乃所谓九州也。于是有裨海环之，人民禽兽莫能相通者，如一区中者，乃为一州。如此者九，乃有大瀛海环其外，天地之际焉”。

钦相国异人，何待子瞻说威德：化用苏东坡称说文彦博典。《宋史·文彦博传》载，彦博逮事四朝，任将相五十年，名闻四夷。元祐间，契丹使耶律永昌、刘霄来聘，苏轼馆客，与使入觐，望见彦博于殿门外，却立改容曰：“此路公也邪？”问其年，曰：“何壮也！？”轼曰：“使者见其容，未闻其语。其综理庶务，虽精练少年有不如；其贯穿古今，虽专门名家有不逮。”使者拱手曰：“天下异人也。”既归洛，西羌首领温溪心有名马，请于边吏，愿以馈彦博，诏许之。其为外国所敬如此。

登泰山小天下：《孟子·尽心上》“孔子登东山而小鲁，登泰山而小天下，故观于海者难为水，游于圣人之门者难为言”。

藉通家上谒，方今文举足平生：化用孔融拜谒李膺典。《后汉书·孔融传》：孔融字文举，鲁国人，孔子二十世孙也……幼有异才。年十岁，随父诣京师。时，河南尹李膺以简重自居，不妄接士宾客，敕外自非当世名人及与通家，皆不得白。融欲观其人，故造膺门。语门者曰："我是李君通家子弟。"门者言之。膺请融，问曰："高明祖父尝与仆有恩旧乎？"融曰："然！先君孔子与君先人李老君同德比义，而相师友，则融与君累世通家。"众坐莫不叹息。

【解析】

王锡韩《蜷学庐联话》卷三云云，参前文寿登莱青道李子木之母夫人联语汇评。胡君复《古今联语汇选初集·庆贺》选有此联，作"信中国异人"。光绪十八年（1892年）正月初五日，李鸿章七十生日。其时李之勋名事业，如日中天，做寿场面之阔，为有清以来所仅见，两宫赐寿，将吏云集，致祝之物，争奇竞异。当日在天津吴楚公所、大王庙两处大张寿筵，各界寿言悬于厅堂，伯子是操办人之一。外国贺者则设在戈登堂。事后辑有《合肥相国七十寿言》一巨册，其中除曹注所引翁、张、吴三家贺联外，今更择录数家，以相参照。慈禧太后联云："栋梁华夏资良辅；带砺河山锡大年。"光绪帝联云："圭衮恩荣方召望，鼎钟勋绩富文年。"张之万联云："景武勋名，临淮纪律；邺侯相业，柱史仙龄。"庆王奕劻联云："一德钧衡，受兹介福；三朝将相，同我太平。"陈宝箴联云："姿兼申甫，永享年寿；天降雄彦，则致升平。"俞樾联云："为岁之首，为月之中，春酒一卮，惟相公寿；治内以政，治外以武，长城万里，殿天子邦。"又"以黄阁老臣兼青宫太傅，九畿坐镇，五等崇封，德威及万里遐陬，翻笑唐李郭宋范韩，勋业事功不离寰宇内；先元宵十日祝上相千秋，梁案齐眉，谢廷继武，恩礼自九天下逮，远轶汉张苍魏罗结，富贵寿考再届古稀年。"张荫桓联云："天生以为社稷，人望之若神仙。"伯子三弟范铠亦有贺联："百万枝条绾麋寿，五千道德祝长生。"高拜石《古春风楼琐记》第十集《通州三生记范大》、沈云龙《近代史事与人物·范当世工于制联》及台湾高阳氏《清末四公子·陈三立》均对此事有所引述评说。

为大人寿最难下笔，刻意谀颂则格调卑下，熟语敷衍则文辞庸劣。范伯子身处幕中，断无藏拙之理。此联或以为亢，盖指尾句以苏轼、孔融自况，高自位置，殊不知此处正是先生风骨所在。

【汇评】

曹文麟：时文忠公延先生教其子。先生与弟铠书曰："相国寿文决意不作，而寿联固不可少，则撰一联云云。二三知言者固以此联为高绝，然议其亢者亦不少矣。盖相国无平行之人，仅南皮相国与之平行，而又无人为之撰此语。其他矫矫如翁尚书则云：‘壮猷为国重，元气得春先。’未尝不自以为高，实则试帖佳联耳！张香翁则云：‘四裔人传相司马，大年吾见老犹龙。’其与幼樵信中，尤自命不凡，以为无出其右，实则上联断非寿三十年宰相之语，下联亦属平平，二公如斯，他可弗论。挚甫本相约同作武昌寿文，见兄文而废弗作，集碑字寿之云：‘文字空千载，声名动思维。’寿相国之文，本相约不作，而但作寿联，见兄联则又废弗作，仍集碑字云：‘我国有大老，是身得长生。’天下服善未有过于此人者也。”

高拜石：当时李鸿章勋业盖世，领袖畿疆，内政外交，清廷倚为轻重，伯子从不以私事有所干请，鸿章素以才气爵位自矜，好以利禄趋势才俊，独伯子志节超擢，鸿章亦益重其品格。每月初一、十五，具衣冠到书斋里，向伯子起居致候，以古代宾师之礼相待。光绪十八年（1892年）壬辰正月初五日，李鸿章七十生日，两宫赐寿，将吏云集，致祝之物，争奇竞异。伯子书一联为寿，句云：“环瀛海大九州，钦相国异人，何待子瞻说威德；登泰山小天下，藉通家上谒，方今文举足平生。”词意夐绝，恰合身份，有议其稍嫌于亢者，伯子笑置之。当时，各方寿李之联，佳者极多。……伯子对以上联语，少所许可，不是说太堆叠，便是指为试帖，尤其相司马典故，说：“这岂是用于三十年宰相之语？”其自视清高如此。

挽李相夫人

上有宫中圣母定卅年元老之勋，下有夫人赞金瓯相业；

昔为江左部民观百两于归之盛，今为幕士播彤管徽音。

【注释】

李相夫人：李鸿章凡三娶，原配周氏，咸丰十一年（1861年）卒于江西；继配赵氏，光绪十八年（1892年）卒于天津；侧室莫氏，民国二年（1913年）卒。此联所挽当为赵氏夫人。李书春《李文忠公鸿章年谱·光绪十八年》：“五月，周夫人仙逝，年五十六岁。”周，当作赵。

宫中圣母：指慈禧太后。

金瓯相业：指李鸿章镇压太平军、捻军等勋业。金瓯，比喻疆土之完固。《南史·朱异传》：“（武帝）尝夙兴至武德阁口，独言：‘我国家犹若金瓯，无一伤缺。’”

部民：统属下的人民。李鸿章迎娶赵氏时是在江苏巡抚任上。

百两于归：言夫人当日出嫁盛况。《诗·召南·鹊巢》：“之子于归，百两御之。”毛传：“百两，百乘也，诸侯之子嫁于诸侯，送御者皆百乘。”百两，即百辆车，特指结婚时所用的车辆。

彤管徽音：指李夫人的美德。彤管，杆身漆朱的笔。古代女史记事用。《诗·邶风·静女》：“静女其娈，贻我彤管。”郑玄笺：“彤管，笔赤管也。”代指女子文墨之事。徽音，犹德音，令闻美誉。

【解析】

胡君复《古今联语汇选初集·哀挽四》选有此联。

挽李相夫人必由李相入手，此人人心中皆有之意，而赞李相再假手他人，以圣母扬其威，以夫人扣本题，此则未必人人笔下能有者。下联更不放松一步，夫人之尊贵懿德历历在焉。其间江左部民尤神来之笔，既与上联宫中圣母相对，又引出下文之幕士，联中有人有我，故能移易不得。

【汇评】

曹文麟：李文忠曾任江苏巡抚，故先生称部民。文忠延先生教其子，居师位，称幕士，谦词也。

挽姚代耕

峡江后六世，君与北流最贤，沦落可伤，八口蓬飞在南北；

中泠第一泉，我从东阁乞得，死生太易，一场茗罢各东西。

【注释】

姚代耕：姚榖，字代耕，安徽桐城人。姚元之从孙。朱寯瀛《金粟山房诗钞》卷四有《重九三十初度姚代耕仪部榖觞我于龙树院见菊花》诗。

峡江：指曾任峡江知县的姚文焱，字彦昭，号磐青，康熙八年（1669年）举人，授长洲教谕。康熙二十年（1681年）、二十三年（1684年）聘为浙江同考官，迁峡江知县。著有《楚游诗》。

北流：所指不详，盖平人姚清臣曾任北流知县，疑非是。

中泠第一泉：中泠，泉名，在今江苏省镇江市金山西麓。相传其水烹茶最佳，有“天下第一泉”之称。今江岸沙涨，泉已没沙中。

东阁：东向的小门。《汉书·公孙弘传》：“弘自见为举首，起徒步，数年至宰相封侯，于是起客馆，开东阁以延贤人。”王先谦补注引姚鼐曰：“此阁是小门，不以贤者为吏属，别开门延之。”后因以代称宰相招致款待宾客之所。李商隐《九日》诗：“郎君官贵施行马，东阁无因再得窥。”

【解析】

吴恭亨《对联话》卷六、胡君复《古今联语汇选初集·哀挽二》均选有此联。

观此联入手处，上比似觉悠远，下比亦嫌琐碎，而后半渐入蔗境，精彩顿出，是撒得出收得拢，拈得起放得牢，所谓兰沼看翡翠，碧海掣鲸鱼，真好手段！

挽薛叔耘

辛苦九州还，身未趋朝魂恋阙；

安危一疏在，生当致主死成名。

【注释】

薛叔耘：薛福成（1838—1894），字叔耘，号庸盦，江苏无锡人。曾为曾国藩幕僚，后随李鸿章办外交，光绪十五年（1889年）出任驻英、法、比、意四国公使。曾争于英廷，创设南洋各岛领事。著有《筹洋刍议》等。《清史稿·薛福成传》："福成任使事数年，恒惓惓于保商，疏请除旧禁，广招徕。其争设南洋各岛领事官，尤持正义，英人终亦从之。又以英、法教案牵涉既广，条列治本治标机宜甚悉。其将归也，复撮举见闻上疏以陈，大恉谓宜厉人才，整戎备，浚利源，重使职，为弃短集长之策。（光绪）二十二年，归至上海病卒，优诏赐恤。卒后半载，而中英订附款，致将福成收回各地割弃泰半，论者惜之。"

安危一疏在：当指薛福成于光绪元年（1875年）所上的万言《应诏陈言疏》。此疏包括《治平六策》和《海防密议十条》两部分，"六策"包括养贤才、肃吏治、恤民隐、筹漕运、练军实、裕财用；"十条"则包括审外交、理茶政、筹开矿、练水师、购铁船等，提出重视外交、重视科技、重视发展民营经济等。此疏在当时朝野震动很大，薛氏也一夜成名，由此成为洋务派领袖直隶总督李鸿章的智囊人物之一。

致主：犹致君。谓辅佐国君，使其成为圣明之主。《墨子·亲士》："良才难令，然可以致君见尊。"

【解析】

胡君复《古今联语汇选初集·哀挽二》选有此联。

【汇评】

王锡韩：光绪甲午，薛叔耘副宪（福成）奉命与英外部谈判，签订《中英续议滇缅界商务条约》，事成回国，未复命而殁。范先生有联挽之云："辛苦九州还，身未趋朝魂恋阙；安危一疏在，生当致主死成名。"

吴恭亨：范肯堂薛叔耘联云云，语调烹炼，括尽薛之生平。

挽吴仲懿

人尽嗟其才，类我类我；
天遽夺之命，丧予丧予。

【注释】

类我类我：扬雄《法言·学行》“螟蛉之子，殪而逢蜾蠃，祝之曰：‘类我！类我！’久则肖之矣”。

丧予：《春秋公羊传·哀公十四年》“颜渊死，子曰：‘噫！天丧予！’”《史记·孔子世家》略同，何休《史记集解》曰：“予，我也。天生颜渊为夫子辅佐，死者是天将亡夫子之证者也。”张謇挽沈寿联，亦用“丧予丧予”。

【解析】

吴恭亨《对联话》卷六、胡君复《古今联语汇选初集·哀挽二》均选有此联。

【汇评】

曹文麟：仲懿，名肇嘉，籍如皋，举人。先生前夫人吴之弟也。

王锡韩：吴仲懿孝廉（肇嘉），肯堂先生妻弟也。工为古文辞，未第时，肄业南菁书院，即有名，后竟早死。先生以联哭之曰：“人尽嗟其才，类我类我；天遽夺之命，丧予丧予。”顾晴谷先生挽李莲仙联，亦以“类我类我”“丧予丧予”为对，而本《公羊传》，改“丧予”为“祝予”。联云：“阿儿寄我膝前，愿此子也才类我类我；十载客余座上，非夫人谁劝祝予祝予。”盖李壮年艰于嗣，得子后，曾循俗例，拜顾为义父也。同一用典，而顾联于事实尤确切不移。

挽姚闲伯

我为妻兄事，君亦视我如兄，往复绸缪，骨肉奇欢真有此；

人谓子德优，孰肯怜人以德，死生寂寞，肺肠纯笃抑何为？

【注释】

姚闲伯：姚永概。《慎宜轩文》卷十二《告伯兄文》："光绪丁酉二月，永概侍父游鄂，闻伯兄之丧。"马其昶撰有《姚闲伯墓表》，见宣统石印本《抱润轩文集》卷六。

我为妻兄事，君亦视我如兄：伯子年长于永概，然碍于姚夫人之排行，故兄事永概。先生诗集卷六有《闲伯送余至庐陵途中作赠》《舟中元宵叠韵再赠》诸什，姚永概《远心轩遗诗》则有《九日登高忆肯堂》《送无错行》《寄肯堂》等诗。

【解析】

姚永概卒于光绪二十三年（1897年）二月。王锡韩《蜷学庐联话》卷四、胡君复《古今联语汇选初集·哀挽二》均选有此联。

此联着力处全在四字句，承上启下，妙不可言。

【汇评】

曹文麟：闲伯，桐城诸生，名永概。先生后夫人姚之伯兄。

狼山雷祖殿

百里蒙庥，山川大神享于此；
万方多难，云雷君子意如何？

【注释】

雷祖殿：又名雷神祠，在剑山。该殿尚有朱恂所题一联云："造物董生成，须知雷霆雨露无非教；畏威只愚下，犹当戒慎恐惧所不闻。"

蒙庥：蒙受荫庇。谨按：此语早在北宋金君卿就已用过（见《金氏文集》卷下《谢瀛州王总管状》"方从事于塞垣，幸蒙庥于戎府"），但直到乾隆皇帝的万寿节里、南巡途中、千叟宴上，以及他那几万首诗文集内，才被成百倍地"发扬光大"，可见盛世逢迎之一景！

万方多难：杜甫《登楼》"花近高楼伤客心，万方多难此登临。锦江春色来天地，玉垒浮云变古今。北极朝廷终不改，西山寇盗莫相侵。可怜后主还祠庙，日暮聊为梁甫吟"。

云雷君子：《易·屯·象传》"云雷屯，君子以经纶"。

【解析】

《张季子九录·专录（附联稿）》："清同治辛壬间，与范伯子同登剑山，僧请题雷神祠联，两人仿联句例口占成之。不知伯子曾为书否？以山径之峭窄，艰于登陟也，未尝再至。间问之人无知此联，并雷神祠亦若茫昧。噫嘻！今昔载五十六七年耳，荒山古刹，变迁若此，遑论人世。謇营军狼黄马亦八九年矣，未可独遗剑山。顷为改而新之，复雷神祠而重书昔联于楹。掇旧梦于云根，怀故人兮泉下。江湖野老，感慨何如也？"知为与张謇合作之联。

上联平起以蓄势，下联笔锋一转，不由恒蹊，竟问以时事，顿觉奇郁精警，文法所称龙掷虎跳，此之谓耶？

【汇评】

吴恭亨：四川新都桂湖曾文正国藩题联云："五千里秦树蜀山，我原过客；

一万顷荷花秋水，中有诗人。”又范肯堂当世狼山雷祖殿联云：“百里蒙麻，山川大神享于此；万方多难，云雷君子意如何？”一诗人吐属，一经生吐属，语均不凡。

挽正衡兄

龙伯高愿汝曹效之，还以兄之生平，敬告兄子；
马少游称善人足矣，不谓吾今老去，私愧吾宗。

【注释】

正衡：顾鸿、顾金楠《通庠题名录》“范钧，字正衡，兆熊曾孙，光绪十五年（1889年）岁贡，乡谥恭懿”。

龙伯高：名述，字伯高，东汉京兆人。光武时为山都长，后擢零陵太守。《后汉书·马援列传》载援《诫兄子严、敦书》：“龙伯高敦厚周慎，口无择言，谦约节俭，廉公有威，吾爱之重之，愿汝曹效之。”

马少游：马援从弟。《后汉书·马援列传》：“（援）从容谓官属曰：‘吾从弟少游常哀吾慷慨多大志，曰：士生一世，但取衣食裁足，乘下泽车，御款段马，为郡掾史，守坟墓，乡里称善人，斯可矣。致求盈余，但自苦耳。’”纪晓岚《纪文达公遗集》卷十六《交河县岁贡生友菊苏公合葬墓志铭》：“汉马少游有言：‘士生一世，取衣食裁足；乡里称善人，足矣。’其从兄伏波将军涉历艰难，恒思是语。”

【解析】

胡君复《古今联语汇选初集·哀挽二》选有此联。

上联谆谆诫族兄之子，下联竟感愧自身，挽兄联竟无一语颂及丧主，然兄弟深情已跃然纸上，笔法千变万化，真非俗手可以臆测者。

【汇评】

曹文麟：正衡先生名钧，岁贡生，先生之族兄。

吴恭亨：范肯堂挽联时时见活虎生龙、崭新日月之笔，兹录二作：一挽兄云："龙伯高愿汝曹效之，即以兄之生平，永诏兄子；马少游称善人足矣，孰谓吾今老大，私愧吾宗。"一挽吴仲懿云："人尽嗟其才，类我类我；天遽夺之命，丧予丧予。"一挽姚代耕云："峡江后六世，君与北流最贤，沦落可伤，八口蓬飞在南北；中泠第一泉，我从东阁乞得，死生太易，一场茗罢各东西。"

挽桂东垣之母

夙闻诸子能贤，出处尽瑰奇，今日岭南推右族；

刚约十郎拜母，吉凶真恍忽，再来堂上展遗容。

【注释】

桂东垣：桂埴（1872—1941），字东原，一字东垣，广东南海人。民国曾任驻菲律宾领事。工小篆，苍健秀逸，兼而有之。其长兄桂坛，字杏帷，有《晦木轩稿》一卷；仲兄桂坫（1865—1958），字礼甫，号南屏，有《晋砖宋瓦室类稿》五卷。宣统《南海县志》卷十九《列传·文学》有桂文璨传："子坛，光绪己卯举人；坫，甲午进士，翰林院检讨保送浙江知府；坤，国子生；埴，增贡生，候选训导，奏派出使美秘古墨国参赞。"卷二十三《列传·列女·桂文璨妾黄氏传》："黄氏，潮州人，素有智略，常变不渝。咸丰甲寅之乱，城濒于危，家人欲举室以行，黄不可，后卒免。经营家计，以勤俭自将。课子以行善积德为训。御下以恩，治家有法。戚党中有贫乏者，恒质衣物周之。……尝以钱贷人，负者中落，遂焚其券。喜览书史，能为诗文。暮年卧病，犹手不释卷。以子坛、坫、埴登第服官，初封宜人，累赠至恭人。"

出处：谓出仕和隐退。语出《易·系辞上》："君子之道，或出或处，或默或语。"

右族：豪门大族。《晋书·欧阳建》："建，字坚石，世为冀方右族。"

十郎：指桂埴，埴大排行第十，故名。桂埴镌有"东原桂十"之印。

挽庄秉瀚之妇

相夫子以学有大母风，德意所从来远矣；

节孺人之丧为王姑寿，孝思与亡者同之。

【注释】

庄秉瀚：字仲辅，江苏阳湖人，《毗陵庄氏族谱》作翰，庄又曾之子。《范伯子诗集》卷十一有《为庄秉瀚题其外祖张仲远先生道光戊戌海客琴樽图因有感于时事即以砭庄生之狂》诗，先生应许振祎之聘游幕广东，曾为庄秉瀚作《题苏子瞻手书〈阿房宫赋〉后》《题包慎伯手定〈小倦游阁文集〉后》《题〈茗柯文集〉手写本》等。

大母：祖母。《汉书·济川王刘明传》："李太后，亲平王之大母也。"颜师古注："大母，祖母也。"

孺人：此处指庄秉瀚之妻。

王姑：古称祖父的姐妹。《尔雅·释亲》："王父之姐妹为王姑。"

【解析】

此联上联写庄妇，下联写秉瀚。

胡君复《古今联语汇选初集·哀挽四》选有此联。

【汇评】

王锡韩：庄秉瀚妻死，适其祖母是年年□十，庄将为之治寿觞，于丧事遂一切从简。范先生以联为挽曰："相夫子以学有大母风，德意所从来远矣；节孺人之丧为王姑寿，孝思与亡者同之。"

挽顾伯母

贱子无似，德少而辞多，只与郎君同学同志，得母之矜怜，已矣平生，弗俟遭丧犹下泪；

大兄有言，亲亡则身老，莫知人间何世何年，于我乎萧瑟，哀哉此语，孰能处变不伤心。

【注释】

顾涤香：名曾沐，字述铭，江苏通州人。少落拓不羁，同治十三年（1874年）进士，以母老不欲出。归主江阴礼延书院。母卒，改官浙江知县，被议落职，忧愤卒。著《战国乐府》二卷、《希慥适斋诗集》二卷。民国《南通县图志》卷十九有传。丁红禅《〈希慥适斋笔记〉跋》："顾氏为吾通望族，涤香先生尤早达，成进士后，官工部主事，以母老不欲出，归主江阴礼延书院。在里时与范伯子先生友善，范赠诗云：'三十为诗顾工部，登坛才气并诸昆。太行南下青归袖，淮水东流绿到门。爱日林亭长萱草，好风裾佩结兰荪。人间此会真希有，珍重瑶篇异候论。'"

【解析】

胡君复《古今联语汇选初集·哀挽四》选有此联。

娓娓道来，不疾不徐，似全无着力处，然通篇气脉畅然，郁而不滞。

【汇评】

曹文麟：大兄谓顾涤香先生曾沐。《范伯子诗集》卷一所谓"三十为诗顾工部"也。清同治甲戌进士，工部主事，浙江截取知县，幼孤而贫，太夫人历艰厄抚之成立。

吴恭亨：范肯堂对联每多迴不犹人之作，盖一枯窘小题，每能发出大议论，龙跳虎掷，其笔妙故也。录数作，一挽顾伯母云："贱子无似，德少而辞多，只与郎君同学同志，得母之矜怜，已矣平生，弗俟遭丧犹下泪；大兄有言，亲亡则身老，莫知人间何世何年，于我乎萧瑟，哀哉此语，孰能处变不伤心。”一挽陈启谦之母孙淑人云：“尝以齿冢二律，受知于当代魁耆，孑然寡俦，女学至今犹否塞；不亲鬓师廿年，自写其胸中郁勃，善哉有子，家声从此卜遐昌。”按，二作断非注虫鱼、谈风月者所能道出。一挽项晴轩夫人云：“其夫贫也乐，妇可知者；有子贤而文，母何恨欤！”

挽吴孺人

又不是新婚、垂老、无家，如何利重离轻，万古苍茫为此别；

且休谈过去、未来、现在，但愿魂凝魄固，一朝欢喜博同归。

【注释】

利重离轻：白居易《琵琶行》“商人重利轻别离，前月浮梁买茶去”。

过去、未来、现在：佛家所谓“三世”。《大宝积经》：“三世，所谓过去、现在、未来。”事物已灭，称为“过去世”；事物已生未灭，称为“现在世”；事物未生，称为“未来世”。佛教的因果轮回之说便是建立在“三世”基础之上的，谓之“三世因果”。

魂凝魄固：俗谓人之死，魂飞魄散，此处希望夫人虽死，而魂魄凝固，以待我来。

【解析】

胡君复《古今联语汇选初集·哀挽四》选有此联，题作“范肯堂挽姚夫人联”，误。联作“既不是新婚垂老无家，如何重利轻离，万古伤心惟此别；且莫问过去未来现在，但愿魂凝魄固，九原有幸庆同归。”小注云：“李瀚章督鄂时，聘范修通志，原配某夫人病卒。范誓不再娶。吴挚甫爱其才，后六年为作伐赘于姚慕令次女公子，世称怀素夫人者是也。范对新怀旧，抑郁寡欢，未十年竟以忧死。”吴夫人乳名唤作大桥，同州吴芰庵之女，同治十一年（1872年）聘与伯子，时年二十三岁。《范伯子诗集》卷三《大桥遗照诗》并序云：“此所谓大桥，乃吾所局通州城郭之东偏十五里许有所谓新地者，有水桥一区，类如斯图，而亡妻实产于是，其父母因以桥名之。”贺涛《贺先生文集》卷一《题大桥遗照》：“通州范君肯堂不忍死其妻，图其母家所居曰‘大桥遗照’。大桥者，所居之里有桥而其妻取以为名者也。”吴夫人卒于光绪九年（1883年）四月二十九日，年仅三十四岁。时伯子方为谋稻粱不得已而乘船前往湖北任通志局事。《范伯子诗集》卷一《湖北通志局闻妻丧于时方修〈列女志〉稍整齐而后行悲哭之余犹翻故纸停笔写哀遂成四绝》之一自注云：“四月二十二日，余去家至上海附番船，二十八日成行，二十九日过狼山，而吾妇乃殁于斯时也。”近在咫尺，而生死异路，回思追念，此诚人世最可哀之时也。其诗云：“耗至惊看吾父笔，行行老泪写哀词。如何薄命无妻日，正是过门不入时。”（其一）“一病新从九死还，分明给我去乡关。平生已种无边恨，此恨绵绵况可删。”（其二）“入棺闻说彩衣鲜，费尽亲心总枉然。十载宵晨有饥饱，不曾销我卖文钱。”（其三）“迢迢江汉泪滂沱，秉烛修书且奈何。读罢五千嫠妇传，可知男子负心多。”（其四）伯子于吴氏情深义笃，吴氏卒后，哀诗挽联祭文之外，又画《大桥遗照》，广征题咏，大江南北名贤墨迹于斯图可毕见。吴夫人虽出身商贾家庭，然受乃兄影响，多才多艺，通书法，兼能吟诗，特不如继室姚夫人之超迈也。《范伯子诗集》卷五有诗题为“与蕴素联吟乐甚，因而感怀前室，诵其遗诗，忽复与之流涕，蕴素用前韵，余复次之”。诗句则云：“一篇残稿嗟何吝，十七年间事可哀。”姚夫人《蕴素轩诗集》卷四《题大桥遗照》：“纸上传心不传真，大桥魂魄今何属？义为一体不相亲，蘋自魁为君续。甘贫乐贱非我谋，不期富贵从君淑。”自注：“遗诗有‘惟应作贤者，富贵不相期’之语。”范罕《蜗牛舍诗本集》卷二《回顾》诗（其五）云：“吾母贾人子，嗜书逾常人。稍诵六经言，训义寻自申。”《张謇日记》［同治十三年（1874年）正月二十八日］：“招肯堂来，挑灯夜话。闻肯堂夫人喜学书，以笺纸二柙浼肯堂献之镜台，以为临池之助。”是皆吴氏能诗通书之证也。夏承焘先生《天风阁学词日记》（一九三二年九月二十二日），写玉岑夫人挽联：“万口诵情文，得婿似君，应不数饮水忆云梦月；千山满戈甲，伤心此别，问何如新婚垂老无家。”编者按：玉岑谓常州谢觐虞，字玉岑，丧偶后自号孤鸾，词人兼书画家。其妻为钱名山长女钱素蕖。曾执教于温州十中，与夏承焘同事，后执教于上海南洋中学、上海商学院等校。著有《白菡萏香室词》《孤鸾词》。

【汇评】

曹文麟：吴孺人，先生前夫人也。殁时，先生已往鄂修《湖北通志》，伯子文集卷一有《祭吴孺人文》，诗集卷一有《湖北通志局闻妻丧于时方修〈列女志〉稍整齐而后行悲哭之余犹翻故纸停笔写哀遂成四绝》。此联他本伪传“又不是”为“既不是”，两末句为“万古伤心为此别”“一朝有幸庆同归”，大有金铁之殊。

王锡韩：肯堂先生之元配吴夫人之殁也，先生方赴湖北通志局之聘，在沪附轮上驶。至局后，始得凶耗。盖夫人弃世，正先生舟过狼山时也。归后，为联哭之曰：“又不是新婚垂老无家，如何利重离轻，万古苍茫为此别；且休谈过去未来现在，但愿魂凝魄固，一朝欢喜博同归！”

吴恭亨：范肯堂有挽吴孺人联云：“又不是新婚垂老无家，如何利重离轻，万古苍茫为此别；且休谈过去未来现在，但愿魂凝魄固，一朝欢喜博同归。”一挽顾樾艭之次妻云：“以羁孤弱息，归郡国英髦，且笃生瑜珥称其家，灵无恨矣；居帝里豪华，守儒门朴素，又还以旨甘养其母，我故称之。”按，挽女妇作，最易蹈常习故，二联诚不离乎常与故者近是，而却留人目，笔妙故也。钝根人于此苟知使笔，即胜算十操八九矣。又挽庄秉瀚之妻云：“相夫子以学有大母风，德意所从来远矣；节孺人之丧为王姑寿，孝思与亡者同之。”

高拜石：伯子在功名上虽不得意，但前半段的生活还过得很好。他初娶的夫人姓吴，称“大桥夫人”，能诗，伉俪甚笃，不幸在伯子作客湖北，受聘通志局修志时，得病亡故。伯子正草《列女志》，闻耗为之停笔写哀，作悼词四绝：“迢迢江汉泪滂沱，秉烛修书且奈何。读罢五千嫠妇传，可知男子负心多。”功名失意，又兼上别离丧偶，使他无心作客，在修志告一段落后，匆匆辞了通志局的事，返家时则已玉棺深埋，黄土一抔了。他写了一副极其哀痛的挽联，悬在大桥夫人的灵右，句云：“又不是新婚、垂老、无家，如何利重离轻，万古苍茫为此别；且休谈过去、未来、现在，但愿魂凝魄固，一朝欢喜博同归。”

沈云龙：当世初娶吴夫人，前卒，时方客湖北，修通志，草《列女志》，成悼词四绝，有“读遍三千嫠妇传，可知男子负心多”之句。又挽以联云：“又不是新婚垂老无家，如何利重离轻，万古苍茫为此别；且休谈过去未来现在，但愿魂凝魄固，一朝欢喜博同归！”上联用杜少陵三诗题，颇具匠心，而语深意长，伉俪之情尤笃。是当世不仅工于诗文，即制联语，亦甚精绝也。

徐一瓢：如挽吴夫人一联云：“又不是新婚垂老无家，如何利重离轻，万古苍茫为此别；且休谈过去未来现在，但愿魂凝魄固，一朝欢喜博同归。”此联他本谣传讹“又”为“既”，“苍茫”为“伤心”，“欢喜博”为“有幸庆”，遂大有金铁之殊，而上联用杜公三诗题，尤具匠心，且语重情长，岂俗手所能办耶？

寿顾伯母

于此间复得十日聚；

视阿母真如千岁人。

【注释】

如千岁人：归有光《震川文集》卷二十六《筠溪翁传》“余虽不见翁，而独念翁常在宇宙间，视吾家之溘然而尽者，翁殆如千岁人”。

【解析】

胡君复《古今联语汇选初集·庆贺一》选有此联。

八言一气呵成，较之四四句式，别有风味。

【汇评】

曹文麟：此所谓顾伯母，如皋顾延卿先生锡爵之太夫人也。先生所为《金孺人哀辞序》有云：“通州接壤数百里内与吾家交亲犹骨肉者，独季直与顾君延卿。今年春，延卿奉太夫人来吾家，及吾母欢甚。道所以勤家与夫教成其子无不合，亦因之想慕孺人。”金孺人为啬庵师之太夫人，今先生集中未载此篇。

挽顾樾艭之次妻

以羁孤弱息，归郡国英髦，且笃生瑜珥兴其家，灵无恨矣；居帝里豪华，守儒门朴素，又还以旨甘养厥母，我故称之。

【注释】

顾樾艭：顾曾灿，字裘英，号樾艭，金标少子。光绪九年（1883年）贡士，光绪十二年（1886年）进士，官至刑部主事，与伯子相交最密。

羁孤：羁客孤子。

弱息：幼弱的子女。简文帝《大同哀辞》："云谁之悲，悲予弱息。"按，大同，简文帝第十九子，生于仲秋，殒于冬末。亦用以专指女儿。蒲松龄《聊斋志异·婴宁》："媪曰：'老身秦姓，并无诞育，弱息仅存，亦为庶产。'"何垠注："弱息，女也。"伯子此处亦指女。

英髦：俊秀杰出的人才。欧阳修《斋宫尚有残雪思作学士时摄事于此尝有闻莺诗寄原父因而有感四首》（其一）诗："两京平日接英髦，不独诗豪酒亦豪。"

瑜珥：比喻人姿质美好。韩愈《殿中少监马君墓志铭》："幼子娟好静秀，瑶环瑜珥，兰茁其牙，称其家儿也。"

【解析】

吴恭亨《对联话》卷十、胡君复《古今联语汇选初集·哀挽四》均选有此联。

生育孝养，妇人之常德，此于极平淡处下笔，亦能婉曲不俗。

【汇评】

曹文麟：顾樾艭先生《继室倪恭人墓志铭》有云："母赵氏，秣陵人也。少避赤眉，爰适乐土，终悲黄鹄，乃丧所天。抚此藐孤，之死靡忒。"（编者按，樾艭先生任刑部主事，恭人与居京师有年。）

王锡韩《蜷学庐联话》卷四：顾樾艭比部（曾灿）之妾某氏，本扬属兴化县人，与母弟侨居于通。归顾后，生子及女，且能以俭持其家。顾优待之如夫人。后顾赴京师供职，挈以往。氏自奉之约，一如其家居时，而颇能孝养其母。其卒，范先生挽以联曰："以羁孤弱息，归郡国英髦，且笃生瑜珥兴其家，灵无憾矣；居帝里豪华，守儒门朴素，又还以旨甘养厥母，我故称之。"范与顾为总角交，两家宅眷，平时多彼此过从为乐，当氏殁时，范之夫人方自远道归，范代撰一联云："懿范可亲，一种温柔真我友；劳尘方息，十分惊恸抚君儿。"又比部之丧，灵榇自京师归，葬时，范亦有联为挽云："从束发为兄弟至今，属纩不知思我否；踪苦心求仕宦何益，请缨当更待儿曹。"哀痛沉着，尤为人所传诵。

代内子挽顾樾艭之次妻

懿范可亲，一种温柔真我友；

劳尘方息，十分惊恸抚君儿。

【注释】

懿范：美好的道德风范。亦专用以赞美妇女的美好品德。沈佺期《章怀太子靖妃挽词》："彤史佳声载，青宫懿范留。"

劳尘：疲劳的旅途。

【解析】

胡君复《古今联语汇选初集·哀挽四》选有此联。

各肖身份。

挽侯稻香

困学竟无成，异时丹旐前题，白草犹萦十年恨；

亡亲刚有属，今日墨缞往哭，绿杨不复两家春。

【注释】

侯稻香：住南通城北侯家巷，家饶多资，为张謇姻亲。

困学：本意指有所不通才学习。语出《论语·季氏》："孔子曰：'生而知之者，上也；学而知之者，次也；困而学之，又其次也；困而不学，民斯为下矣。'"后来则用以指刻苦学习。朱熹《困学》诗："困学工夫岂易成，斯名独恐是虚称。"

丹旐：旧时出殡所用的红色铭旌。韩愈《祭郑夫人文》："水浮陆走，丹旐翩然。"

墨缞：黑色丧服。缞，麻衣。

绿杨不复两家春：白居易《欲与元八卜邻先有是赠》"平生心迹最相亲，欲隐墙东不为身。明月好同三径夜，绿杨宜作两家春。每因暂出犹思伴，岂得安居不择邻。何独终身数相见，子孙长作隔墙人"。伯子此处乃为反用其诗。

【解析】

胡君复《古今联语汇选初集·哀挽二》选有此联。

上结"仄仄平平仄平仄"于律诗中较为常见，如"羌笛何须怨杨柳""疏影横斜水清浅"，属句内自救，不得以失替视之。

【汇评】

曹文麟：侯之居与先生家邻，其室父事先生尊人。先生时方受遗嘱，令永视若姊，故下联首句云然。先生与弟书云："侯稻香得同知衔，又得二代及本身妻室封典，兄遗书侯三伯，正干姊继室之名，遍告侯氏，为之请封，而不知稻香已有一继室，干姊为再继，须捐而又捐，兄又为之得再继封典。"（编者按：所谓干姊，即其人也。）

题张氏枕红亭

远客乍归，藉城东一亩园亭，白石青松寻旧约；

故家常在，喜江北百年人物，碧梧翠竹有清才。

【注释】

白石青松：比喻隐居之处。《全唐诗》卷八百五十二吴子来《留观中诗二首》之二：“此生此物当生涯，白石青松便是家。对月卧云如野鹿，时时买酒醉烟霞。”《联对大全》作“白石青城”。

碧梧翠竹：比喻才德美好或仪表清秀。韩愈《殿中少监马君墓志铭》：“退见少傅，翠竹碧梧，鸾鹄停峙，能守其业者也。”许思湄《秋水轩尺牍·与赵南湖》：“久不见碧梧翠竹之姿，每于月白风清，辄深神往。”

【解析】

胡君复《古今联语汇选初集·园林》载此联，作“范肯堂题张氏枕红亭联”。中华书局民国十四年（1925年）《联对大全》卷五《祝贺类上》亦载此联，作“张户枕江亭”，“户”字显系“氏”字之误。

联语爽朗悠雅，旨趣清高，诗情浓郁，仰慕贤良之忱，甘老江湖之慨，亲切可诵。

【汇评】

曹文麟：张氏园亭在州城东，碧梧翠竹指张梓庭，以孤儿席先业者。

挽陈伯母

夫人艰难刻苦，持孝子之门庭，更俾一心为君父；

哲嗣磊落嵚崎，皆贤母之教诲，尚留余荫到孙曾。

【注释】

磊落嵚崎：同“嵚崎磊落”，亦作“嵚崎历落”，比喻品格卓异出群。刘义庆《世说新语·容止》：“周伯仁道桓茂伦，嵚崎历落，可笑人。”康有为《人境庐诗草序》：“嵚崎磊落，轮囷多节，英绝之士，吾见亦寡哉！”

【解析】

妇人之德，相夫教子尔。此联妙处在于尾句宕开，深入一层，便觉余韵悠然。“君父”“孙曾”之对，亦见匠心。

挽项晴轩夫人

其夫贫也乐，妇可知者；

有子贤而文，母何憾欤！

【注释】

项氏父子：沈燕谋《范伯子诗本事注》“项晴轩承明，歙县人，为典商，喜藏书画。本源，字子清，为如皋师范学校教员。项有小天籁阁”。项氏原籍歙县，因避战乱而至如皋，经营典当。本源（1872—1936）曾受业于沙元炳，中光绪二十七年（1901年）徽州府秀才，光绪三十一年（1905年）公费赴日留学，回国后任教如师，桃李遍江南北。晚年潜心佛典。《范伯子诗集》卷十一有《项晴轩以所藏先勋卿公手书卷子及旧刻颜书裴将军诗命其子本源来学将以为贽赋谢一篇》诗，其中有云：“项君好古罗奇珍，异字名迹芳纷纶。项君有子亦瑰宝，遂与颜闵争为人。”又，卷十六有《题项晴轩所藏先师写与朱曼君诗册》诗，先师则谓张裕钊。

贫也乐：《论语》“子曰：‘未若贫而乐，富而好礼者也。’”

有子贤而文：《苏轼文集》卷五十一《与李公择十七首》之十五

"所幸其子贤而文，久远却不复忧，唯目下不可不助他尔"。

【解析】

胡君复《古今联语汇选》选有此联，并录有海秋氏挽项晴轩联："豪情跌宕，是六朝烟水中人，洗尽风尘肮脏；小别归来，只一书缠绵遗我，惊看天地苍黄。"吴恭亨《对联话》卷十亦载。

挽妇人而言其夫、言其子，此背面敷粉之法，笔简意丰，耐人寻味。

【汇评】

曹文麟：项翁，皖人，侨居如皋，善鉴金石书画。其子本源，字子清，诸生，先生之弟子也。

寿沙健庵之尊人

夙与贤郎相期，欲其道继胡先生，名过冒公子；

来为长者致祝，惟有寿之南山石，酌以东海波。

【注释】

寿之南山石，酌以东海波：既为实指，亦有典意，虚实相关，乃其妙处。南山，典出《诗·小雅·天保》："如南山之寿，不骞不崩。"本谓基业长久坚固，后用为祝寿之词。南山又指通州南部之山。福如东海：旧时祝颂语。《清平山堂话本·雨窗集上·花灯轿莲女成佛记》："司公又念诗赋曰：'男才过子建，女貌赛西施。寿比南山，福如东海，佳期。'"刘基题《寿山福海图》词为"寿比南山，福如东海"。民谚则云"福如东海长流水，寿比南山不老松"。

【解析】

王锡韩《蜷学庐联话》卷三、胡君复《古今联语汇选初集·庆贺一》均选有此联。

父以子贵，逝者即无名，不妨颂其子，上比一“期”字，即点明关系，又无夸谀之嫌，可谓一举两得。下比略嫌浮泛，然亦寿联之常格。窃以为狼山不如南山，以切地牵强，得不偿失也。

【汇评】

曹文麟：健庵先生，籍如皋，故以安定、冒辟疆为媲。

吴恭亨：范肯堂联学几于传钵曾文正，前卷录各作，均倚天拔地，不主故常，以才论之，其为联界之虎乎？兹录其寿沙健庵尊人联云：“夙与贤郎相期，欲其道继胡先生，名过冒公子；来为长者致祝，惟有寿之南山石，酌以东海波。”又寿朱辑斋五十即送其行联云：“先我两年，后我四日；送君千里，愿君百康。”所谓老树著花者此是也。吴挚甫亦有寿范肯堂联云：“兄弟以头腹尾擅誉；文章与梅曾张代兴。”亦添毫栩栩，如鼎之铸。

陆家骥：沙元炳，字健庵，江苏如皋人，清光绪甲午（1894年）孝廉，旋成进士，擅诗古文词，与南通名士范当世为故交，往还密益。沙之尊翁六十寿辰，范进联以贺云云：“夙与贤郎相期，欲其道继胡先生，名过冒公子；来为长者致祝，惟有寿之狼山石，酌以东海波。”上联用如皋乡贤胡瑗及冒辟疆相期，下联则以南通狼山盛产之“寿山石”（编者按：狼山并不产寿山石），并活用“福如东海，寿比南山”吉辞为颂。现材活用，盖南通、如皋两地均濒临东海。此联最大优点在于运用典故能恰到好处，无生吞活剥之嫌，读者不易感觉联中有典存在，所以可贵。至辞藻富丽，属对工整，犹其余事耳。

梁羽生：有一类寿翁是父以子贵的，其本人无足述，因此祝寿者多从其子着笔。这类寿联，佳作更少。比较好的有范当世贺沙元炳的父亲六十生辰一联。……沙元炳，字健庵，江苏如皋人，诗文在当时亦颇有名，与范当世为至交。论文名他虽不及范当世，但科名则过之，他是光绪二十年（1894年）进士，范则只是贡生。沙父六十生辰，范寿以联云：“夙与贤郎相期，欲其道继胡先生，名过冒公子；来为长者致祝，惟有寿之狼山石，酌以东海波。”“胡先生”指北宋学者胡瑗（993—1059），海陵（今江苏泰州）人，因世居安定堡，学者尊称他为“安定先生”。他提倡“以仁义礼乐为学”，开宋代理学先河。“冒公子”指如皋冒辟疆，名襄，号巢民。明末四公子之一，诗文清丽，是著名的才子。有《巢民诗集》《巢民文集》。明亡，隐居不仕。狼山，在南通市。此联上比说人物，下比说山川，人地均切，就地取材，堪称以本地风光入联的代表作。

挽汪子琳之妇

汪伦实爱诗人，别后见君情，几日遽遭鼓盆戚；

范史首崇列女，难中权子职，一言弥觉管彤辉。

【注释】

汪子琳：光绪二十八年（1902年）七月十九日伯子与三弟书“二哥书来，屡催办部复，吾托汪子琳费三十余金，部已咨河南矣”。同年六月二十六日《范钟日记》：“入属方二鼓，从挂号处见余之起复部文适到。盖余三月内走信大哥，转托汪子琳在京代催，垫款亦不小。”

汪伦实爱诗人：化用李白《赠汪伦》“李白乘舟将欲行，忽闻岸上踏歌声。桃花潭水深千尺，不及汪伦送我情”。联中以汪伦拟汪子琳，而以李白喻己。

鼓盆戚：谓丧妻之痛。《庄子·至乐》：“庄子妻死，惠子吊之，庄子则方箕踞鼓盆而歌。”

范史首崇列女：正史里面专门为女人而设传记，乃肇始自范晔《后汉书》，为此后各史所遵循。为列女立传，最早始于西汉刘向，范晔受启发，“搜次才行尤高秀者，不必专在一操而已”，增写《列女志》，其中有择夫重品行而轻富贵的桓少君、博学的班昭、断机劝夫求学的乐羊子妻、著名才女蔡琰（文姬）等，不拘于三纲五常的界域。

【解析】

王锡韩《蜷学庐联话》卷四选有此联。

挽陈筱山

封公有命代雄心，不能横刀杀贼，部江东子弟以从，他年史氏搜闻，风义但高游侠传；

此地多名流盛事，亦曾倒屣迎宾，与邗上寓贤相埒，今日酒徒散尽，凄凉欲广绝交书。

【注释】

封公：犹封翁。封建时代因子孙显贵而受封典的人。自晋代始，封建帝王常以爵位名号赐予臣下及其家属，其典制至唐而趋于完备。清制，以封典给官员本身称为“授”，给曾祖父母、祖父母、父母和妻室，存者称为“封”，死者称为“赠”。

命代：命世，著名于当世。唐人避太宗李世民讳而改。多用以称誉有治国之才者。《汉书·楚元王传赞》：“圣人不出，其间必有命世者焉。”

倒屣迎宾：急于出迎，把鞋穿倒。《三国志·魏书·王粲传》：“时（蔡）邕才学显著，贵重朝廷，常车骑填巷，宾客盈座。闻粲在门，倒屣迎之。粲至，年既幼弱，容状短小，一坐尽惊。邕曰：‘此王公孙也，有异才，吾不如也。’”

邗上：指扬州。

绝交书：朱穆有《与刘伯宗绝交书》，复有《绝交论》，嵇康有《与山巨源绝交书》，刘峻则著有《广绝交论》，均以后者更著名。

【解析】

胡君复《古今联语汇选初集·哀挽二》选有此联。

五分句长联而不用自对，一气单行，前呼后应，复且属对工浑，非才气丰赡者莫能办此。

【汇评】

王锡韩：肯堂先生挽海门武生陈筱山联语，前既得之竹坪所述矣，乃曹君节录本中，复有一联曰："知公有命世雄心，不能横刀杀贼，部江东子弟以从，他年史氏搜闻，风义但高游侠传；此地多名流盛事，亦曾倒屣迎宾，与邗上寓贤相埒，今日酒徒散尽，凄凉欲广绝交书。"惟所云"邗上寓贤"，不知何人。且不知此联是否先生之发挥余感，抑为人倩代也。

瞿镜人：范又工联语，使事行气自如，而情致高迈，盖突出同时顾晴谷、周彦升、张季直诸人上。所制诸联曾有人为之结集，曹文麟并为加注。其挽陈筱山联云："封公秉命代雄心，不能横刀杀贼，部江东子弟以从，异时史氏搜闻，风义但高游侠传；此地多名流盛事，亦曾倒屣迎宾，与邗上寓贤相埒，今日酒徒散尽，凄凉欲广绝交书。"按：陈居余西二加镇，生平广为交游，至招纳亡命，又揽断民刑讼案，必力所不能及者，始向其人说明，经官了结。积久威倾一乡，官方认为侵权越法，把他列入访案，意在严惩。陈闻悉将遭名捕，自计无人援手，不能脱罪，遂服毒而死，故挽联云云。所谓邗上寓贤，指扬州盐商，陈平居竟与相埒，可见排场豪绰。范高其风义，又深慨其不终，当年陈倒屣者，他自是其中之一。

挽潘道士

是尝从吾游焉，一鹤孤舟，千叠愁心在江上；

今并斯人已矣，只鸡斗酒，数行清泪洒城南。

【注释】

一鹤孤舟：化用苏轼《后赤壁赋》"时夜将半，四顾寂寥。适有孤鹤，横江东来，翅如车轮，玄裳缟衣，戛然长鸣，掠予舟而西也。须臾客去，予亦就睡。梦一道士，羽衣蹁跹，过临皋之下，揖予而言曰：'赤壁之游乐乎？'问其姓名，俯而不答。'呜呼噫嘻！我知之矣！畴昔之夜，飞鸣而过我者，非子也耶？'道士顾笑，予亦惊寤。开户视之，不见其处"。

千叠愁心在江上：化用《苏轼诗集》卷三十《书王定国所藏〈烟江叠嶂图〉》诗句“江上愁心千叠山”。

只鸡斗酒：菲薄的祭品。语出《后汉书·桥玄传》：“又承从容约誓之言：‘徂没之后，路有经由，不以斗酒只鸡过相沃酹，车过三步，腹痛勿怨。’”苏东坡《纵笔》诗之三：“明日东家当祭灶，只鸡斗酒定膰吾。”

籍仙观：光绪《通州直隶州志》卷末《杂记·二氏（寺观附）》“籍仙观在州城南，后周显德中郡人顾审建”。据传吕洞宾曾现身于此，近侧复有望仙桥。

【解析】

胡君复《古今联语汇选初集·哀挽二》选有此联。

此联之妙在乎用典，开宗明义，首句即已表明主旨，后文似虚似实，非今非古，知其典者愈叹其妙，不知者亦能通晓大意，可谓“用典不隔，已如化境”。王锡韩欲坐实其语，未免固哉高叟。

【汇评】

曹文麟：潘道士住持州城南籍仙观，风度翩翩，善款客，士绅多喜与之游。下联故兼伤亡友，上联用东坡《后赤壁赋》，“江上愁心千叠山”，亦东坡句也。

王锡韩：道士潘芝山，吾邑城南籍仙观二十年前之观主也。生平好结纳，善培植花木，观中凉亭曲室，布置精洁，皆潘所修葺，以为延客地者。以故邑之士大夫，多乐与之交，壶觞咏歌无虚日。及卒，范先生即以联挽曰：“是尝从吾游焉，一鹤孤舟，千叠愁心在江上；今并斯人已矣，只鸡斗酒，数行清泪洒城南。”惟所云“一鹤孤舟，愁心江上”，不知为何年何地事？故老既尽，欲访无从，殊怅怅也。

吴恭亨：范肯堂有挽方外联，各能曲肖方外身份，录之。一挽石樵和尚云：“落落情缘，那堪一见一回老；空空妙相，留证三藐三菩提。”一挽潘道士云：“是尝从吾游焉，一鹤孤舟，千叠愁心在江上；今并斯人已矣，只鸡斗酒，数行清泪洒城南。”

生挽石樵和尚

落落情缘，那堪一见一回老；
空空妙相，留证三藐三菩提。

【注释】

生挽：为活人写挽联或挽诗。生挽当缘于自挽，陶渊明有《拟挽歌辞三首》，后世文人墨客纷纷效仿，宋代秦观、元代赵孟熺、明代倪光等皆是。及楹联兴，则以联自挽者众矣。纪晓岚《阅微草堂笔记·卷十一·槐西杂志一》："壬子三月初二日，偶在直庐，戏语诸公曰：'昔陶靖节自作挽歌，余亦自题一联曰：浮沉宦海如鸥鸟，生死书丛似蠹鱼。'百年之后，诸公书以见挽足矣。"清代姜宸英、朱珪、毕沅、鲍桂星、徐大椿、左宗棠、俞樾、王闿运，近代杨士骧、杨度、张元济、罗敬卿、吴熙等皆有自挽联，几成时尚，可见风气。自挽不足，则倩于人，则生挽大行。乾隆名宿袁枚生前竟广征挽诗，并梓行于世，实硬邀谀词也。

空空妙相：空空，佛教谓一切皆空而又不执著于空名与空见。妙相，佛教语，指庄严的相貌。

三藐三菩提：佛教语，指佛陀所证的"等正觉"。《心经》："三世诸佛，依般若波罗蜜多故，得阿耨多罗三藐三菩提。"

【解析】

吴恭亨《对联话》卷八、胡君复《古今联语汇选初集·哀挽二》均选有此联。曹文麟评语中之法轮寺，光绪《通州直隶州志》卷末《杂记·二氏（寺观附）》："延寿庵、通明宫、龙华禅院、法轮寺并在州城东。"秋门先生即范铠，刘声木《桐城文学渊源考》卷十："范铠，字秋门，一字胄门，通州人，当世弟。光绪拔贡，官□县知县，师事张裕钊、吴汝纶及其兄受古文法。"《江苏艺文志·南通卷》："范铠，字秋门，号酉君。南通人。当世弟。以拔贡知县分山东。曾任濮州。民国元年，上书乞退，遂归。著有《南通县图志》二十四卷。"

【汇评】

曹文麟：石樵，州城东法轮寺方丈，秋门先生《南通县图志·杂纪篇》云："石樵蓄发读书，通经典，尤喜诵《孟子》。其书颇宗二王，然甚自惜，不轻为人书。殁时，以所临摹二本属其友人范当世，而张謇、朱铭盘皆为之跋。"

王锡韩：石樵和尚，善书法，能作擘窠大字，吾邑僧界中之佼佼者也。其晚年，范先生尝为作生挽联曰："落落情缘，那堪一见一回老；空空妙相，留证三藐三菩提。"

挽马勿庵

舆论何凭？君匪但能廉，亦越诸公好名者；

交情可叹！我未尝不义，已成天下负心人。

【注释】

马勿庵：马钊（？—1885），更名毓鋆，字莲卿，尝慕康熙间宣城学者梅文鼎（号勿庵）之学，故又字曰勿庵。光绪三年（1877年）进士，以庶常家居，常与伯子、张謇、朱铭盘等聚会为诗歌，连宵旦不寐。民国《南通县图志》卷十九有传。

【解析】

胡君复《古今联语汇选初集·哀挽二》选有此联。

细玩下联语意，二人似有龃龉。

【汇评】

曹文麟：勿庵先生，名毓鋆，光绪丁丑（1877年）进士，翰林院庶吉士。伯子文集卷三有《勿庵哀辞》。下联之意，显于其序。

王锡韩《蜷学庐联话》卷四：马勿庵太史（毓鋆）通籍后返自京师，日集宾朋于家，以诗酒为乐，而与肯堂先生尤相爱。其夫人则怙势渔利不已，太史不知也。太史卒，先生以联为挽曰："舆论何凭？君匪但能廉，亦越诸公好名者；交情可叹！我未尝不义，已成天下负心人。"惟下联负心云云，不知何指？

挽顾绮岚

同郡交欢，未光幸附高阳里；

盖棺定论，完行初刊有道碑。

【注释】

顾绮岚：顾曾焕（1829—？），字诵芬，号绮岚，江苏通州人。金标从子，副贡生。为人渊懿有守，上承旧德，长养诸弟，文行并著于世。咸丰、同治间以高淳学正兼权六合教谕，与弟曾烜共撰《光绪通州志》。著有《双梧诗集》四卷。民国《南通县图志》卷十九有传。

高阳里：《后汉书·荀淑传》"荀淑字季和，颍川颍阴人也，荀卿十一世孙也。少有高行，博学而不好章句，多为俗儒所非，而州里称其知人。……有子八人：俭、绲、靖、焘、汪、爽、肃、专，并有名称，时人谓'八龙'。初，荀氏旧里名西豪，颍阴令勃海苑康以为昔高阳氏有才子八人，今荀氏亦有八子，故改其里曰'高阳里'"。

完行：完美的操行。《后汉书·杜林传》："国无廉士，家无完行。"

有道碑：东汉郭太，字有道。《后汉书·郭太传》："明年春，卒于家，时年四十二。四方之士千余人，皆来会葬。同志者乃共刻石立碑，蔡邕为文，既而谓涿郡卢植曰：'吾为碑铭多矣，皆有惭德，唯郭有道无愧色耳。'"

【汇评】

曹文麟：先生《顾绮岚先生哀辞序》有云："余与先生独今年久别，去腊余过先生谈，夜将半，犹送余长桥，语移时去，乃从此永诀耶！余年十六，识先生兄弟。先生长于吾父且一岁，顾以余方问业于先生季父，折辈行交余，余初未敢当，既益亲则益忘之矣。余馆于欧家坊，每一归省，则必与先生兄弟为数日欢。及先生居城南，余复移席黄泥山，数相过，谈必竟日，或无言，则相对默坐，倦或亦不忍去。嗟乎！穷不得志，居里巷，而有同郡之好若吾两人者相与同术业共甘苦，父兄子弟交相善如家人，是亦天下之至乐也。而今，先生殁矣，晴谷先生谓北上不第，亦将乞一官而去矣。余饥驱不已，又之四方矣，死亡贫贱之相继，而畴曩之乐不可以再得也。念及此，得无恸耶？抑余尤悲夫去年乡举张季直得优贡生而令子梦璞得登贤书，吾固谓殊不类吾党之遇，不数月，季直果丁母忧，而梦璞竟以赴礼闱抱终天之恨。兹数人者，其真不祥耶！何稍有所得而灾祸必旋踵而至也。呜呼已矣，尚何言哉？”是篇文集不载。绮岚先生名曾焕，道光丙午（1846年）副榜，高淳县教谕。

038

代大人挽张老伯

城东有佳宅，约先生于此终焉，嗟我何劳，仍各幽冥难聚首；

塞北无好音，问儿子归来未也，与君同病，不论显晦总伤心。

【注释】

城东有佳宅：先是张謇之母金太夫人卒，勘寻葬地，最后属意通州城东小虹桥伯子先生祖茔耕阳之阡。荫堂封翁同意割墓地外四亩飞地，张家遂以海门田六亩易之，并移其租，互订易地券。（《啬翁自订年谱》卷上）《范伯子文集》卷一先生代封翁撰《归田券》云：“张君润之夫人之丧方谋葬，而令子謇亟往军中，不可得地。谋诸某为求亦弗得，乃割池南地与之。”《张季子九录·文录》卷一《大人命初易范氏地约》云：“某以往岁内子颡丧，兆或须谋丘垄，莫治山茨，范君邈乎通感，割其先茔与君寿穴之余地若干亩，俾归葬焉。……然而江东鲁肃，虽无卖地之标；赵国相如，敢袭易城之壁。海门东图故有薄田，分亩若干，用与抵直。嗟乎！百年旦莫，谁非陈人。一诺忾忼，公真健者。元白比邻之雅，以愧前休；张范生死之交，且从今始。子孙世世，长毋相忘。”又同卷《易地约后记》：“先是先妣金恭人卒，先府君命依典礼三月而葬，而猝求地弗得，因即范丈所许割先茔之余地，卜而葬焉，用海门田六亩，立约相易。既而先府君议偿地值，范丈执义甚高，延卿、曼君语再三返，始得请，乃更立后契。先府君以命謇兄弟曰：‘日月同明，有时而相妨；舌齿同体，有时而触抵，事但知常，不可以久。范君纾我之急可感，其委曲受值署券，乃尤可感也。’”佳宅，犹佳城，婉言墓地。《西京杂记》卷四：“滕公驾至东都门，马鸣跼不肯前，以足跑地久之。滕公使士卒掘马所跑地，入三尺所，得石椁。滕公以烛照之，有铭焉……曰：‘佳城郁郁，三千年见白日。吁嗟滕公居此室！’滕公曰：‘嗟乎天也！吾死其即安此乎？’死遂葬焉。”

塞北无好音：时中日甲午（1894年）战事正酣，清军节节败退，伯子与张謇并在北方。伯子居直督幕府，大遭言路非议；謇方挟状元盛名侃论主战，故下联有“归来未也”“显晦”诸语。

【解析】

胡君复《古今联语汇选初集·哀挽二》选有此联。

【汇评】

曹文麟：范张两家墓在三元桥东北耕阳原，范勋卿耕阳别墅之故址也。割田为金太夫人墓事，见先生文集卷一《归田券》。啬庵师以甲午（1894年）成进士，是年九月丁外艰，时中东战争方烈，封翁讳彭年，字润之。

王锡韩：张季直殿撰未第时，与范肯堂先生交最深。范有田在城东文峰塔旁，让之张为葬地，而范之先茔，即位其北，相距仅数十步，畛界相接也。季老大魁后，留京未遽返，而封翁病殁。时中东方开衅，官军大失败，范亦客津门未回。闻讣，为其尊甫荫堂先生代撰一联云：“城东有佳宅，约先生于此终焉，嗟我何劳，仍各幽冥难聚首；塞北无好音，问儿子归来未也，与君同病，不论显晦总伤心。”

挽赵姨母

妾有美，妻道光焉，终能有子析薪，真足快心贤孝事；
姨之亡，母族尽矣，记得为儿挑菜，不堪回首乱离年。

【注释】

析薪：劈柴。《左传·昭公七年》：“古人有言曰：‘其父析薪，其子弗克负荷。’施将惧不能任其先人之禄。”后世因以谓子承父业。《三国志·魏书·王肃传论》：“王朗文博富赡……王肃亮直多闻，能析薪哉！”袁枚《随园诗话》卷十一：“陈省斋先生继其父署守镇江，余代作对联云：‘守郡继先人，问江水长流，剩几个当年父老；析薪绵世泽，愿黄堂少住，留一枝此日甘棠。’”

【解析】

吴恭亨《对联话》卷十、胡君复《古今联语汇选初集·哀挽四》均选有此联。

上联有人，下联有我。

【汇评】

曹文麟：是为先生从母，于成太夫人为从姊妹。

王锡韩：范又有挽其赵姨母联云：“妾有美，妻道光焉，终能有子析薪，真足快心贤孝事；姨之亡，母族尽矣，记得为儿挑菜，不堪回首乱离年。”挽张又楼之夫人云：“昔尝与吾友同诣婿乡，回首更萦亡妇恨；幸已得贤媛欢承子舍，伤心还为病儿忧。”挽汪子琳之妇云：“汪伦实爱诗人，别后见君情，几日遽遭鼓盆戚；范史首书列女，难中传子职，一言弥觉管彤辉。”挽顾太夫人云：“贱子无似，德少而辞多，只与郎君同学同志，得母之矜怜，已矣平生，弗俟遭丧犹下泪；大兄有言，亲亡则身老，莫知人间何世何年，于我乎萧瑟，哀哉此语，孰能处变不伤心。”挽沈海秋之祖母张夫人云：“文孙为一世英豪，颐养致天和，五载浑忘丧子恸；贤母实百年人瑞，褒扬成故事，九原莫遂爱亲心。”

挽稷香

鸣呼哀哉，鞠躬尽瘁死于孝弟；

为之难矣，托孤寄命质诸鬼神。

【注释】

孝弟：亦作“孝悌”。孝顺父母，敬爱兄长。《论语·学而》：“其为人也孝弟，而好犯上者鲜矣。”朱熹集注：“善事父母为孝，善事兄长为弟。”

托孤寄命：语出《论语·泰伯》“曾子曰：‘可以托六尺之孤，可以寄百里之命，临大节，而不可夺也。’”

质诸鬼神：语出《礼记·中庸》“故君子之道，本诸身，征诸庶民，考诸三王而不缪，建诸天地而不悖，质诸鬼神而无疑，百世以俟圣人而不惑”。

【解析】

顾鸿、顾金楠《通庠题名录》之《入学表》：“范惟馨（稷香，埙子，增），咸丰五年。”

【汇评】

曹文麟：是为先生之族兄，名惟馨，增广生。

题黄鹤楼

大江东去浪；

黄鹤古时楼。

【注释】

大江东去浪：苏东坡《念奴娇·赤壁怀古》“大江东去，浪淘尽，千古风流人物”。

【解析】

伯子一生凡两至武汉，第一次在光绪九年（1883年）纂修《湖北通志》，淹留最久，胜日呼朋伴游，武昌名迹殆皆踏遍；第二次在光绪二十年（1894年），送长女孝嫦到武昌陈三立处，与其子师曾完婚。

挽顾樾艭

从束发为兄弟至今，属纩不知思我否；

纵苦心求仕宦何益，请缨当更待儿曹。

【注释】

束发：古代男孩成童时束发为髻，因以代指成童之年。

属纩：谓用新绵置于临死者鼻前，察其是否断气。《礼记·丧大记》：“属纩以俟绝气。”郑玄注：“纩，今之新绵，易动摇，置口鼻之上以为候。”亦指临终。

请缨：《汉书·终军传》“南越与汉和亲，乃遣军使南越，说其王，欲令入朝，比内诸侯。军自请：‘愿受长缨，必羁南越王而致之阙下。’”后以“请缨”指自告奋勇请求杀敌。王勃《秋日登洪府滕王阁饯别序》：“无路请缨，等终军之弱冠。”

【解析】

胡君复《古今联语汇选初集·哀挽二》选有此联。

宁尾字不工而全其意，可谓不以律害意者也。

【汇评】

曹文麟：樾艭先生名曾灿，光绪癸未（1883年）贡士，丙戌（1886年）成进士，刑部主事，为先生师修定先生少子，相交最密。樾艭先生在刑部有年，以赀外迁广东直隶州知州，适广东停止分发，复至京，改省为刑部薛尚书所留，仍供职部中，故下联云然。

再挽樾艭

于弟应极痛，父丧闻之，今日抚棺才一哭；

教儿使长成，兄行在也，异时勒石与千春。

【注释】

勒石：指铭墓。

【解析】

胡君复《古今联语汇选初集·哀挽二》选有此联。

哀挽之作，每见通篇血泪哀号者，扣题紧切，不敢离逝者半步。观此联如叙家常，而真诚恳挚，尤其打动人心。

【汇评】

曹文麟：时先生丁外艰，樾艭先生丧归自京师，先生兄弟衰绖往哭。吾友伯筵为樾艭先生长子，名傧基，尝语我："先子曩与范先生约，死当志我墓。丧归时，范先生亦述及，谓俟卒哭为之。既而不获后命，恨傧基当时年幼不知趋其倚庐匍匐求也。"

挽陈敬如之兄

未审君于哲弟何如，最怜四海交游，落落相知馀彼我；
当遣子与令郎同学，堪叹百年家国，茫茫后事付伊谁。

【注释】

陈敬如：陈季同（1852—1905），字敬如，号三乘槎客，福建侯官（今属福州）人。中法文化交流先驱。1867年考入福州船政学堂，1878年任驻法使馆参赞。著有《西行日记》四卷及《中国人自画像》等法文著作若干。《范伯子文集》卷八有《读陈敬如所著书》。《范伯子诗集》卷十二有《敬如席上和方小汀孝廉》《同义门和敬如》《和敬如四绝》等诗，卷十三则有《谢敬如念吾母》《次韵敬如》《寿敬如三绝句》等诗。陈氏《学贾吟》诗集则有《和范肯堂述怀八首》。

落落：零落。陆机《叹逝赋》："亲落落而日稀，友靡靡而愈索。"

当遣子与令郎同学：《范伯子诗集》卷十二《从古骚人易感秋》诗前小序"余至上海，晤敬如，适亦遭兄丧，泫然相吊，不遑问他事，徒见其索债者盈门，为解纷而已。已而，流连至重九，稍复感时论事，谋遣两家子同就西塾，登高遣哀，作诗相慰喻"。此联当作于是时。《范伯子诗集》卷十三则有《三山会馆赴小汀之招并约敬如送罕儿入西学堂次小汀韵》《罕儿入法兰西学堂以安息日出为余述其间规矩之严甚乐从也余亦甚慰》二诗。所谓西塾，乃指上海法国教会学堂。陈敬如不仅与法国方面交深，其妻子亦为法国人，并在上海创办了中国第一所女学堂——中国女学堂。光绪二十六年（1900年）春，范罕入上海法国教会学堂学习。

【汇评】

王锡韩：陈君敬如，范先生北游时所得友也。后先生南归，有粤东之行，道海上，复与敬如遇，敬如适有兄之丧，先生撰一联挽之曰："未审君于哲弟何如，最怜四海交游，落落相知馀彼我；当遣子与令郎同学，堪叹百年家国，茫茫后事付伊谁。"盖先生与敬如交虽甚久，实未识其兄，而公子彦殊，则与敬如兄子同读于一西塾也。

挽黄爱堂之弟

谢家兄弟誉问咸知，剧怜吾友伤怀，一夕池塘惊噩梦；
楚国循良编摩在昔，当为斯人补传，百年江汉载英声。

【注释】

黄爱堂：名承暄，江西萍乡人，附贡生，光绪十七年（1891年）署理通州知州，历上海县知县，官至四川署布政使盐茶道。《范伯子文集》卷六有《黄爱堂刺史寿序》云："及吾还而至通州，见夫黄君爱堂之为政朴实而严重，士莫敢以私进，而其勤民也无所不至……黄君于时亦无所顾藉，独以朴诚取重于大府，向用之方殷，此则吾民之幸，惜其为吾州不久而去之上海也……君寿登五十，在莅吾州之次年。顾吾必俟其去而后乃为文以寿之者，所以自别于向所云南方之士，而亦以当去思也。"

谢家兄弟：指诗人谢灵运与从弟谢惠连，二人俱以诗文著称。后常用以指有文才的兄弟。褚人获《坚瓠七集·皆梦轩》："《梦轩》一联云：'谢家兄弟池塘草，商室君臣鼎鼐梅。'"

一夕池塘惊噩梦：《南史·谢方明传》"年十岁能属文，族兄灵运加赏之，云'每有篇章，对惠连辄得佳语'。尝于永嘉西堂思诗，竟日不就，忽梦见惠连，即得'池塘生春草'，大以为工。尝云'此语有神功，非吾语也'"。后世遂以"池塘春草梦"作为兄弟思念之典，对联中亦常见之。如梁章钜《楹联丛话》卷十《挽词》："哀挽通用之联，亦有佳者。如兄挽弟云：'同气遽分途，原隰秋风魂不返；异时谁共被，池塘春草梦难通。'"

楚国循良编摩在昔：伯子曾参与修纂《湖北通志》，其最初所分乃《列女志》，据此联则知先生所纂多矣。循良，谓官吏奉公守法。旧时国史方志于人物一门，多分置名臣、贤能、忠义、孝友、儒行、文学、方技等别，循良相当于其中的"贤能"。

百年江汉载英声：化用左思《蜀都赋》"江汉炳灵，世载其英"。

【汇评】

曹文麟：下联指曾任湖北通志局事。

挽筱荃宫保

与曾左胡骆百战成功，比投老家园，浸灌滋培，还使门闾气充固；

历道咸同光四朝全盛，迄考终里第，伤亡殄瘁，顿教天地色凄凉。

【注释】

筱荃宫保：李瀚章（1821—1899），字筱泉，一作筱荃。李鸿章兄。道光二十九年（1849年）以拔贡生铨湖南永定知县。曾从曾国藩主饷运事。同治间，擢湖南巡抚，屡阻击太平军李世贤部及贵州苗教各军。四督湖广，后移督两广，以疾归，卒谥勤恪。《清史稿》卷四百四十七有传。

曾左胡骆：指曾国藩、左宗棠、胡林翼、骆秉章中兴四臣。

投老家园：告老还乡。王羲之《十七帖》："实望投老，得尽田里骨肉之欢。"

考终：五福之一"考终命"的省称。谓享尽天年，不属夭亡横死。《书·洪范》："五福，一曰寿，二曰富，三曰康宁，四曰攸好德，五曰考终命。"

【解析】

胡君复《古今联语汇选初集·哀挽二》选有此联。

上写其生荣，下写其死哀。

【汇评】

吴恭亨：哀挽联语有以悲壮淋漓胜者，兹类录数作……范肯堂挽李小泉总督瀚章云："与曾左胡骆百战成功，比投老家园，浸灌滋培，还使门闾气充固；历道咸同光四朝全盛，迄考终里第，伤亡殄瘁，顿教天地色凄凉。"

挽姚外舅

我之今日亦何恨能加，惟有牵连并哭耳；
公在人间更无缘遭妒，奚为委曲以死乎？

【注释】

姚外舅：姚浚昌（1833—1900），字慕庭，号幸余，安徽桐城人。姚鼐侄曾孙，姚莹之子。以佐曾国藩军幕，保知县。历任江西安福，湖北竹山、南漳知县，光绪十九年（1893年）曾至天津任支应局差事。光绪二十六年（1900年）卒于竹山任。著有《幸余求定稿》《五瑞斋诗钞》及《续钞》等。伯子续娶之姚氏乃浚昌次女倚云，故与先生称翁婿。

【解析】

胡君复《古今联语汇选初集·哀挽二》选有此联。《范伯子文集》卷九《外舅竹山君传》："君事道府皆应古典。府，贤人也，父事君；道，纨绔子也，嫉君而遂污之。总督不为之辨，但还君竹山。君耻不就，贫，仍回竹山，数月而事有为君所不然者。君乃决曰：'吾不复濡忍于斯矣。'称病得代，为诗以道其将归之乐。然无几日遂殁于竹山。竹山之人哀其无还丧资也，为具舟而送之"，乃联中"无缘遭妒"之本事。而王树楠《桐城姚府君墓表》谓"会襄阳道朱某忌府君强项，列之下考，巡抚于荫霖见其名，惊曰：'是循吏也！'不举劾。"则实亦有故。所谓故相之子襄阳道朱某者，即原体仁阁大学士萧山朱凤标之子朱其煊，字少桐，曾任四川成都府知府、湖北荆襄兵备道、福建按察使、山东布政使等。

【汇评】

曹文麟：自先生成婚于姚慕庭先生安福县任所，翁婿夫妇昆弟日为诗酒之会，其情至洽。姚先生后终于竹山署，叔子叔节为《先府君行述》有云："襄阳道朱某，故相子也，纨绔喜趋承，与府君故不相协。府学官左质谦诈南漳学生五百金，不遂，详黜之。府君白其枉，因构于朱。会中丞于公荫霖初至，密饬道府甄别属吏，因列府君下考。于公故闻府君名，疑之，不举劾。朱反以是大恨于公，而府君亦回竹山。"先生文集卷九有《外舅竹山君传》。

王锡韩：肯堂先生后夫人姚，桐城姚竹山大令之女公子也。大令自解安福任后，遂不复得他县，以庚子年（1900年）卒。时荫堂封翁之丧，先生犹未卒哭也，作挽联曰："我之今日亦何恨能加，惟有牵连并哭耳；公在人间更无缘遭妒，奚为委曲以死乎？"

挽孝嫦

比之二祖，轻若鸿毛，亦使肝肠不可忍；

望汝一归，艰于马角，岂其魂魄又能飞。

【注释】

孝嫦：又名菊英（1876—1900），乳名鞠，光绪二年（1876年）九月生，乃伯子元配夫人吴氏所出长女，八岁失恃，十七岁随继母姚氏前往天津依父，十九岁嫁与江西陈衡恪（师曾），二十五岁病殁于江宁。范孝嫦为陈氏育有二子，长封可、次封怀，而孝嫦殁时，封怀生方满月，尚在襁褓之中。龚产兴《陈师曾年表》："光绪二十六年庚子二十五岁，夏，师曾妻范孝嫦卒，年仅二十五岁。"《范伯子文集》卷九《陈氏女墓碣铭》："女之殁，吾夫妇皆居父丧。逾月，其舅亦遭父丧，故虽其夫与其兄弟皆不得极哀，此尤可哀也。"是上联本事。又云："女出前母吴而成于今母，适陈氏，人皆谓其有母风，然女从母天津诚学三年耳。十九而嫁，遽不失令名于陈氏，其质性亦优也。女名孝嫦，生二子，曰邨，曰二邨。年二十五。”孝嫦从母天津事，又见姚倚云《蕴素轩诗集》卷五《遣嫁孝嫦书以勖之》诗：“辽海三年吾愧训，楚江一别汝悲忱。”范孝嫦死后，陈师曾常常作画吟诗，以寄哀思，从此菊花成为其画其诗的主题，盖孝嫦乳名菊英、菊儿也。《范伯子诗集》卷十四《阅女婿陈师曾诸近作至其画菊为吾女遗照而题四诗潸然有述》：“誉汝诗文至悼亡，人间无有此情伤。徒缘罔极呼天痛，更为同怀引恨长。遂以鸿毛沦我爱，不图麟角为兹狂。秋心不与秾春谢，从此东篱岁岁芳。”自注：“钿妹之早逝，更痛于菊儿。”又卷十七《陈甥为孝嫦写病菊以寄其思久之复为嗟菊诗速余之题咏余泫然而反慰之》：“白帝荒荒造秋色，无端幻此殿秋花。只缘骚雅能千古，收合愁人作一家。阅世已更新涕泪，隔年犹护旧根芽。浮生即景皆堪遣，莫把青春老叹嗟。”

轻若鸿毛：司马迁《报任少卿书》“人固有一死，或重于泰山，或轻于鸿毛，用之所趋异也”。

艰于马角：《燕丹子》卷上“燕太子丹质于秦，秦王遇之无礼，不得意，欲求归。秦王不听，谬言：‘令乌头白，马生角，乃可许耳。’”后因以“马角”比喻不能实现之事。

【解析】

吴恭亨《对联话》卷十、胡君复《古今联语汇选初集·哀挽四》均选有此联。

【汇评】

曹文麟：是为先生之女，适义宁陈师曾者。二祖谓先生考荫堂先生及师曾祖右铭先生。先生文集卷九有《陈氏女墓碣铭》。

王锡韩：肯堂先生之女公子孝嫦，吴夫人所出也。适陈右铭中丞之孙师曾，伉俪甚笃，而以病早死，盖距中丞公及其祖荫堂封翁之丧未久也。先生挽以联云：“比之二祖，轻若鸿毛，亦使肝肠不可忍；望汝一归，艰于马角，岂其魂魄又能飞。”

挽陈右铭丈

赫赫宗臣，一往沉冥向山僻；

哀哀孝子，百年长恨在天涯。

【注释】

陈右铭：陈宝箴（1831—1900），字右铭，江西义宁人。咸丰元年（1851年）举人。曾入曾国藩幕府。授河北道。创立致用精舍，延名师教授。光绪二十二年（1896年），以荣禄荐，擢湖南巡抚。努力推行新政，与按察使黄遵宪、候补知府谭嗣同等合作，设立时务学堂、湘报馆、南学会等，并推荐杨锐、刘光第参与新政。戊戌政变，革职，所营新政皆废。《清史稿》卷四百六十四有传。宝箴是伯子姻丈，宝箴卒后，先生应陈三立之请为之撰墓志铭。光绪二十六年（1900年）六月二十六日，陈宝箴卒于江西南昌西山崝庐。陈三立方挈家移居江宁，遂不得送终。三立《巡抚先府君行状》："（光绪）二十六年四月，不孝方移家江宁，府君且留崝庐，诫曰：'秋必往。'是年六月廿六日忽以微疾卒，享年七十。……不孝不及侍疾，仅乃及袭敛，通天之罪，锻魂锉骨，莫之能赎，天乎痛哉！"

【解析】

胡君复《古今联语汇选初集·哀挽二》选有此联。伯子上联"赫赫宗臣，一往沉冥向山僻"，乃言卒于西山崝庐；下联"哀哀孝子，百年长恨在天涯"，正以三立远在江宁，未能送终也。

【汇评】

曹文麟：右铭中丞宝箴，光绪戊戌（1898年）在湖南巡抚任，以奏保新党废斥不用。丙申（编者按：丙申为当日之干支，非年份也），卒于南昌。孝子谓其冢子伯严先生。先生文集卷九有《故湖南巡抚义宁陈公墓志铭》。

王锡韩：光绪时，康南海、梁任公之进用，湖南巡抚陈右铭中丞（宝箴）曾保荐之。政变后，陈遂坐是革职，归隐于西山之崝庐。及卒，肯堂先生挽以联曰："赫赫宗臣，一往沉冥向山僻；哀哀孝子，百年长恨在天涯。"盖公子伯严时方远客未归也。

吴恭亨：（范肯堂）挽陈右铭联云云，出幅不言其事功，亦不吊其窜逐，而死者肖像毕露，此之谓大手笔。

题通海纱布公所神座

沃产九州无，江路为家，便与仙居争富贵；

明神千里异，海天作客，每依灵眷得平安。

【注释】

纱布公所：花纱布公所，南通纱布业的行业组织。位于城西。光绪二十四年（1898年）成立，后在原址扩建，负责人为刘一山，与范伯子、张謇相友善。

挽万星涛之母田太夫人

江汉间论世德推太夫人焉，岂惟巩固宗基，乃有风声施郡国；

苏宁中数才贤及次公子矣，正倚勤襄世难，顿闻雪涕返乡关。

【注释】

万星涛：万中立，字星涛，一字欣陶，光绪二十年（1894年）举人。伯子仲弟范钟有《万欣陶母田太夫人七十寿序》。除万母墓志外，伯子文集卷四尚有《万星涛之母寿序》，盖与仲弟钟同作也。序中云：“始吾与柯逊庵、周伯敔、蔡燕生十数公者共修《湖北通志》，其时距今十余年，星涛甫冠无几耳，赠公犹在，即令之来游局中。当世不足道，彼十数公皆高材硕学，意气宏雅，而星涛一与之深交。比三年竣事，吾乃不复与星涛相闻，独闻燕生之发名成业，皆赖星涛禀其太夫人之命资给困乏，或千金不吝，至再至三，无几微嗛于心者。及去年而星涛闻吾之踪迹，以书来通，则知其所学已能与彼十数公者相颉颃。”又，范子愚《范伯子诗文选注》云：“清咸同间，此母不吝数千金以助士人之困厄者。闻先祖名，欲资助之而无名义，遂令其子求为文章以寿母。此文既赠，将买舟东下矣，其子奉母命致文酬及程仪共八百两。此吾家新宅之所由来也。”

风声：教化，好的风气。《尚书·毕命》：“彰善瘅恶，树之风声。”孔传：“明其为善，病其为恶；立其善风，扬其善声。”

苏宁：江苏简称“苏”，其省会南京简称“宁”，由此而得苏宁之名。

勤襄：匡助。

雪涕：擦拭眼泪。《列子·力命》：“晏子独笑于旁。公雪涕而顾晏子。”

【汇评】

曹文麟：先生文集卷十有《诰封一品夫人万母田太夫人墓志铭》。万为汉阳人，曰次公子者，即星涛，江苏候补道，名中立。

代内子挽田太夫人

叨宴六年前，恃爱瞢腾，甘橘余香犹可忆；

闻丧千里外，怀风怅望，生刍微意莫能将。

【注释】

叨宴六年前，恃爱瞢腾，甘橘余香犹可忆：光绪二十年（1894年）伯子夫妇送女完婚于江夏期间，曾客万星涛双梧书屋，万母田太夫人款待甚周，尤喜姚夫人。《范伯子诗集》卷九有诗题为："年来虽屡与汉阳万星涛绸缪于津沪之间，而不至其家者恰十年矣，比复止于其双梧书屋者两宵。"《范伯子文集》卷十《诰封一品夫人万母田太夫人墓志铭》："曩吾夫妇送女至江夏，太夫人悦吾妇而留之。命酒，而促之饮，醉则示以盈筐之柑曰：'速若醒，为我说古记也。'去则惜曰：'安得越数千里而与若言其爱乐？'"恃爱，仗人之爱。瞢腾，形容迷迷糊糊，神志不清状。此处谓受宠若惊，不知所措。

生刍：鲜草。《后汉书·徐稚传》："（郭）林宗有母忧，稚往吊之，置生刍一束于庐前而去。"后世遂用以代称吊祭的礼物。

将：奉献。《诗·小雅·楚茨》："或剥或亨，或肆或将。"

挽张又楼之夫人

昔尝与吾友同诣婿乡，回首更萦亡妇恨；

幸已得贤媛欢承子舍，伤心还为病儿忧。

【注释】

张又楼：《南通县图志》卷十九载，张师江，字又楼，同治十二年（1873年）副贡。州有大事，为牧吏及贤豪长者所借重，后与兴学之举。

【解析】

王锡韩《蜷学庐联话》卷四、胡君复《古今联语汇选初集·哀挽四》均选有此联。

【汇评】

曹文麟：先生前夫人与又楼先生之夫人母家皆居州东兴仁镇。时又楼先生长子宣誉君嘉树方娶妇，而次子之瘵疾有危象矣。

挽高节母

与令子无一日之亲，感恸独因哀启语；
知贤母有千秋之行，倾心愿读绣馀吟。

【注释】

哀启：旧时丧家叙述死者生平及病终情况的书启。多附于讣告内，也有单独成文送给亲友者。

【解析】

高楚秋（1870—1936），名湘，三岁时，其母由贵池辗转逃难至通州，变卖首饰，于南门外去狼山进香的要道口，开一爿香烛铺，店号“高隆吉”，后成为南通著名老字号香铺。《高楚秋讣告》有如皋郭冰侯所撰《高楚秋先生传略》：先生姓高氏，讳湘，楚秋其字。前清贵池县学生员，生六岁而孤。母姚太夫人有奇节，事具《贵池县志》。先生世居皖南贵池县之石门村，自其大父时避洪杨之乱，举家侨居江苏如皋县之石庄镇。有子四人，厥考庆元公第居三，开设高仁和香店，四房共衣食焉。已而，庆元公感食指众多，复创高隆吉香店于南通城，四家遂分爨……先生既幼孤，赖母氏姚太夫人抚养成立，姚太夫人博通文史，著有《绣馀吟》诗集……先生虽为贾人，而文学独不废，哀生悼逝之作尤工。每一语出，极尽悱恻缠绵之致，如读齐梁人之哀词，一唱三叹有余味焉。其散体文字，逼近桐城，所作姚太夫人哀启，暨其长君檀行述，置之方姚集中，无多让也。

作者与被挽者素无瓜葛，因读哀启而知其行，诗不得见，故曰愿读。此联无中生有，凭空说事，不脱题，不空洞，上下一气浑成，势如流水，可谓应酬联之典范。

【汇评】

曹文麟：《绣馀吟》为节母诗集名。

王锡韩：贵池高楚秋茂才，精商学，设肆于邑城之南，邑中商界推巨擘焉。顾常客于外，与肯堂先生初未甚稔也。其母夫人早寡，能为诗，有《绣馀吟》，于光绪某年卒。先生阅哀启，撰联以吊之曰：“与令子无一日之亲，感恸独因哀启语；知贤母有千秋之行，倾心愿读绣馀吟。”

姚鹓雏：伯子联语，哀挽居其大半，且时见“活虎生龙，崭新日月”之笔，虽极寻常细小枯窘题目，亦能别开生面，不落凡蹊，变化跳掷，不可捉摸，或悲壮淋漓，或曲肖身份，能发大论，能入微情。里中遇有婚丧庆祝等事，多以得先生一言为荣。据耆老相传，贵池高某，设典肆于通州城南，经营有道，久而为商界巨擘，母卒，欲求先生一联以光泉壤。先生以素昧平生婉拒。高乃持哀启长跪门侧，求之愈哀。适姚夫人归，悉其情而悯其孝，为代求之。先生意动，遂展启而命笔，语语落实，情韵俱备，非虚应故事者可比。

陆家骥：范曾为李鸿章府中西席，学行均高，从不以私事干李，李甚重之。先生居平绝少酬酢，一日某因母逝，求先生赐挽以光泉壤。先生因与其素不相识，婉拒之。某则长跪范府门侧，求之愈哀，嗣太老师归返，询某何所谓？哭告之，声越微而意越诚。太老师念其为孝子也，为之代求，先生意动，展视哀启，命笔云云。缘孝子之母慧而能文，颇具根柢。孝子求范赐挽，允非无因。范此挽联，语皆落实，无一言一字虚幌，而气势如虹，一泻千里，情韵俱备，非虚应故事可比。才子属笔，何往而不宜乎？

挽李草堂先生

学道有涯，安心是药；

酒阑人散，云卧天行。

【注释】

李草堂：李芸晖（1827—1900），字伯香，江苏通州静海乡人。同治十二年（1873年）拔贡生。世居吕四场，学者称草堂先生。曾创办鹤城书院，而已主之，所成就甚众。著有《草堂诗》四卷，《养真草》《咏史五排》《南游草》各一卷。《南通县图志》卷十九《列传一》有传，曹注喜内典云云，见之。同治九年（1870年），伯子十七岁，科试以三十一名入学，与芸晖子李安同案为友，始识草堂先生。《范伯子文集》卷十《草堂先生墓志铭》："同治九年，吾与先生长子磐硕选入学，始识先生。"此后光绪六、七年间，先生尝再至李所居之吕四场问业。"光绪六、七年间，吾再至先生所居吕四场。其时，吾已游事张、刘两先生，以所业质先生。"草堂卒于光绪二十六年（1900年）九月。

学道有涯：语出苏轼《送沈逵赴广南》诗"功名如幻何足计，学道有涯真可喜"。学道，谓学习道行，指学仙或学佛。

安心是药：语出苏轼《病中游祖塔院》诗"因病得闲殊不恶，安心是药更无方"。按《传灯录》："二祖谓达摩曰：'我心未安，请师安心。'达摩曰：'将心来，与汝安。'二祖良久曰：'觅心了不可得。'达摩曰：'与汝安心竟。'"

酒阑人散：语出蒋防《霍小玉传》"时春物尚余，夏景初丽，酒阑宾散，离思萦怀"。苏轼《携妓乐游张山人园》诗："酒阑人散却关门，寂历斜阳挂疏木。"又东坡《南歌子·别润守许仲涂》："酒阑人散月侵廊，北客明朝归去，雁南翔。"酒阑，谓酒筵将尽。

云卧天行：鲍照《代升天行》"风餐委松宿，云卧恣天行"。

【汇评】

曹文麟：秋门先生《南通县图志·耆旧传》谓草堂先生喜内典及养生家言，举拔贡，后不乐仕进，与范荫堂、张润之为三隐君子。先生文集卷十有《草堂先生墓志铭》。

挽孙会阳丈

于吾州相处只六七人，可怜岁岁凋伤，不复欢言到春酒；

去先君之亡恰廿四月，正尔朝朝悲恸，更感急泪洒冰天。

【注释】

孙锡恩：字芸轩，资性端凝，勤于所事，尝署金坛、上海两县教谕。董治州保婴恤嫠诸局，朝往午归，饭罢复往，夕乃休。心诚于爱人，而精力又能为继。年八十四，寒暑风雨，未尝乘舆，及其殁，而范当世哭之恸，为求若似其父者而不可得也。民国《南通县图志》卷十九有传。

欢言春酒：陶渊明《读山海经十三首》之一有“欢言酌春酒，摘我园中蔬”句，宋之问《蓝田山庄》“独与秦山老，相欢春酒前”用之。旧时农村，仲冬酿酒，经春始成，称为春酒。

泪洒冰天：王明清《挥麈录·三录》卷三载宋徽宗崩于金，两宫通问使朱卞适被拘于北国，因作哀辞，有“叹马角之未生，魂飞雪窖；攀龙髯而莫逮，泪洒冰天”之句。（亦见朱熹《晦庵集》卷九十八《奉使直秘阁朱公行状》及《宋史·朱弁传》）

【解析】

胡君复《古今联语汇选补编·哀挽一》选有此联，“于”作“与”，“凋伤”作“凋丧”，“到”作“倒”，“悲恸”作“悲痛”，“更感”作“更成”。

【汇评】

曹文麟：先生文集卷十有《孙芸轩先生哀辞》。芸轩为其号，名锡恩，金坛县训导。

挽马太夫人

从赠公弟昆死难，命长君提一旅之师，虽教忠教孝，翟茀有光，茹痛依然安布素；

以不佞夫妇为贤，托爱孙于千里之外，恨重山重水，牛车莫挽，衔哀未得奠生刍。

【注释】

赠公：参前文挽陈筱山联“封公”注释。

翟茀：古代贵族妇女所乘的一种车子，车帘两边或车厢两旁以翟羽为饰。翟，长尾的野鸡。张说《郑国夫人神道碑奉敕撰》：“建号西郑，荣旧乡兮；鱼轩翟茀，盛龙光兮。”

牛车：《史记·张汤传》载“汤死，家产直不过五百金，皆所得奉赐，无他业。昆弟诸子欲厚葬汤，汤母曰：‘汤为天子大臣，被污恶言而死，何厚葬乎！’载以牛车，有棺无椁。天子闻之，曰：‘非此母不能生此子。’乃尽案诛三长史”。伯子此联乃以牛车代称运载灵柩的车辆。

挽何眉孙

隔海未闻凶，温语犹传数行至；

登山长不乐，淡交多此一番游。

【注释】

何眉孙：何嗣焜（1843—1901），字眉孙，一字梅生，号定庵，江苏武进人。以诸生从军。光绪间历参张树声等人幕府，为诸当道所倚重。光绪二十二年（1896年），武进人盛宣怀创南洋公学于上海，何应聘前往参与筹议。草创经营，规模宏远，实开江南教育界之先声。至此，因代盛拟折稿，以耗脑力过多，患脑溢血而死，年仅五十有九。创办教育而至捐躯献身，可敬可仰。

【解析】

范、何、张狼山之游，张謇亦唱和有诗，不见于《张季子九录·诗录》，故录之。《冬至后一日肯堂招同何梅生嗣焜游狼山宿望海楼肯堂诗先成次日用李大理四首韵和之》：

其一：故山如旧友，积岁感分携。昨访姚存刻，今温李叟题。昏林开蜡照，悬牖接乌栖。尽诉人间世，衰僧听亦迷。

其二：万事当真暮，孤怀亦向秋。桃源终托晋，芝岭倪安刘。江海看诸子，乾坤岂一州。中宵频起立，星宿满檐头。

其三：草木都无赖，凋零况友生。山川单露气，文字等闲名。霜重心难燠，潮来眼尚明。只应书石壁，同保岁寒盟。

其四：诘朝人尽散，杖策独西回。即事宁成故，供诗已有材。塔云随客远，涧路避山开。凭记当时意，禅房一树梅。

【汇评】

曹文麟：何眉孙以文章经济著声誉公卿间，辛丑（1901年）正月，草要政议，据案掷笔而卒。汤蛰仙先生挽云："及吾身难见太平，生复何为，撒手万缘君已了；算举世无多知己，死应未瞑，克期一晤我来迟。"啬庵师挽云："孰置君天地盲晦之秋，热血一腔，死于经济；益坚我江海沉沦之志，侧身四顾，凄绝平生。"先生诗卷十二为己亥（1899年）作，有《同何眉孙张季直夜登狼山宿海月处》诗一首，又《赠何眉孙》诗一首。

王锡韩：何梅生死之前一年冬，曾以事来通，范先生与张季直殿撰偕之为狼山之游，夜宿山僧海月处。先生以诗记其事，有"吾皇释政后一岁，己亥冬至狼山隈。有吾三人夜秉烛，走访衲友寻初梅"等语。已而，又赠何以诗，有云："子昔避乱家吾州，日对狼山不一游。我友十九皆子俦，偶一见子终弗投。平生颇作两端语，朋友山水吾兼收。得之便欲性命以，澹处亦若烟云浮。"明年秋，先生方里居，而何病殁于沪上，其前数日，盖犹有手书至也。先生挽以联曰："隔海未闻凶，温语犹传数行至；登山长不乐，淡交多此一番游。"

挽孙穆如

严事吾亲三十年，丱角论交，敬任袁丝呼作弟；
才去家乡一千里，皋比遽撤，愧从张载继为师。

【注释】

丱角：头发束成两角形。古时多为儿童或少年人的发式。后世遂借指童年或少年时期。方干《孙氏林亭》诗："丱角相知成白首，而今欢笑莫咨嗟。"

袁丝：《史记·季布栾布列传》"季布弟季心，气盖关中，遇人恭谨，为任侠，方数千里，士皆争为之死。尝杀人，亡之吴，从袁丝匿。长事袁丝，弟畜灌夫、籍福之属"。袁丝，即袁盎。盎，字丝。西汉楚人。文帝时为郎中，以数直谏，名重朝廷。历任齐相、吴相。景帝即位，晁错指使官员调查其接受吴王财物事，被废为庶人。后吴楚反，建议景帝诛晁错以谢吴。吴楚平，为楚相，不见用，病免家居。后因谏止立梁孝王为帝嗣，为王刺客所杀。《史记》《汉书》均有传。

皋比：虎皮。古人坐虎皮讲学，后因以指讲席。

张载：《宋史·张载传》"（张载）尝坐虎皮讲《易》京师，听从者甚众。一夕，二程至，与论《易》，次日语人曰：'比见二程，深明《易》道，吾所弗及，汝辈可师之。'撤坐辍讲。与二程语道学之要，涣然自信曰：'吾道自足，何事旁求。'于是尽弃异学，淳如也"。

【解析】

光绪二十七年（1901年）三月，孙赞清卒于东渐书院山长任上，因书院无人接管，通州知州汪树堂遂电请伯子回通掌教东渐书院。时先生有事刚到淮安。东渐书院，同治七年（1868年）由知州梁悦馨创建于四甲坝通源镇东首。

【汇评】

曹文麟：穆如先生，光绪丁丑（1877年）进士，户部主事，名赞清。殁时任通州东渐书院山长，其后继者为肯堂先生。

寿朱辑斋五十即送其行

先我两年，后我四日；

送君千里，愿君百康。

【解析】

吴恭亨《对联话》卷五、胡君复《古今联语汇选初集·庆贺一》均选有此联。《范伯子文集》卷十有应朱辑斋之请所撰《诰授资政大夫日讲起居注官詹事府詹事朱君墓志铭》，由此铭可知，朱辑斋，名瑞，江西贵溪人，曾管榷如皋、通州。

【汇评】

曹文麟：伯子诗集卷十七亦有《七月八日寿朱辑斋大令五十即送其行》七绝四首。

挽王铭勋

交吻救频危，竟不回身怜汝母；

痛心思昔爱，更堪挥泪说吾师。

【解析】

光绪二十七年（1901年）伯子与三弟范铠书：“今年行挽联之运，最著者如李文忠云云……余如冯香老、王铭勋兄诸联亦皆沉痛，不一一写寄。铭勋死后，债数过于田产数，现为之开债，留米十八石而已……我每月贴千六百文之零用，而别为之集师母身后之资。我家亦自作一柱，只能如此而已。如有缺，则数百金又何足道哉！”民国《南通县图志》卷十九《范当世传》：“少聪颖警悟，从学于王先生兆榛。王授制举业最盛，有声，及门甚众，独爱重当世。”又《王兆榛传》：“王兆榛，字景周，诸生，范当世师也。居城中，四方来学者尤众。州及学政试，其弟子辄据前列。知州孙云锦造门为拜。每过之闻诵声，未尝不凭轼以示敬也。”

【汇评】

曹文麟：先生十一岁学于王景周先生兆榛，见文集卷一《王母陈太孺人哀辞》之序。王先生子为铭勋，名烈，两世皆附贡生。

挽冯开父

吾幼年已能自结交，吾所交诸忘年者实始于先生，最怜嫂氏贤明，一饭恩私难比数；

君昔日则亟于望子，君之子至今日而力崇其死父，都与寒家系属，百般辛苦有齐同。

【注释】

一饭恩：比喻微小的恩惠。《史记·范雎蔡泽列传》：“范雎于是散家财物，尽以报所尝困厄者。一饭之德必偿，睚眦之怨必报。”王建《求友》诗：“每怀一饭恩，不重劝勉词。”

望子：望子成龙之省也。

【解析】

胡君复《古今联语汇选初集·哀挽二》选有此联。

散句中复多重字，尤为难对，此联举重若轻，造语浑然，允称作手。

【汇评】

曹文麟：开父先生名运昌，附贡生。其子名明馨，字德吾，肯堂先生弟子也，廪贡生。伯子文集卷十一有《冯君开父墓志铭》，德吾治丧事隆其礼，故下联云然。墓志铭有曰："独余十四岁从君为文会，君虽贫，犹爱乐文士，君配包孺人尤信重余，时时提明馨而诏之曰：'汝视若也。'于时明馨仅数岁，而其后竟读书卖文以养其父，通于四方贤士夫以宣泄其父母之隐德，惜乎包孺人之不及见，而君固已身受之，余亦从而悲乐之矣。"末二句所指，即在从而悲乐之。

王锡韩：冯德吾明经（明馨），长余不十年，而戚谊上之关系，则辈行当然高予一级。然相见时，殊不自谓长也。其封翁香岩先生，余及见时，年七十许矣，而精神矍铄，与人相接，尤能不以年辈自居，以故人多乐与游，而与肯堂先生交最久，亦最厚。殁时，先生挽之曰："吾幼年已能自结交，吾所交诸忘年者实始于先生，最怜嫂氏贤明，一饭恩私难比数；君昔日则亟于望子，君之子至今日而力崇其死父，都与寒家系属，百般辛苦有齐同。"盖封翁壮岁艰于嗣，中年乃得明经。封翁殁后，明经对于祭葬等事，颇能尽礼也。

挽徐积余之母

淮扬天下交，方众母依依，谁谓使君失慈荫；

孺子南中杰，恨劳人草草，翻令为客奠生刍。

【注释】

徐积余：徐乃昌（1868—1943），字积余，号随盦，安徽南陵人。曾官淮安知府、江南盐巡道、江苏高等学堂总办等职。藏书颇富，多稀本。纂有《南陵县志》《安徽通志》等，刻有《积学斋丛书》《南陵先哲遗书》等。《范伯子诗集》卷十二有《为徐积余题王渊雅夫妇所书前后赤壁赋卷子内人同作》诗，又有诗题云："先君既葬，出谢客，徐积余太守为余兄弟筹生事甚挚，及秋，余病未出门，积余太守复来视。"卷十六有诗题云："积余故有《狼山访碑图》，今为筱山再游，指示其处，则汪剑星诸题名已一一具刊，润生当复为积余图之，而余因是亦预有赠。"所谓《狼山访碑图》，即光绪二十四年（1898年）九月初三，积余与伯子仲弟范钟以及通州知州汪剑星狼山访碑也。

使君：对州郡长官的尊称。按，徐乃昌光绪二十七年（1901）出任淮安知府，光绪二十九年（1903年）离任。此联当作于其任间，参考前后联语写作年份，可知此联亦应作于光绪二十七年（1901年）。

劳人草草：《诗·小雅·巷伯》“骄人好好，劳人草草”。陈子展《雅颂选译》谓“失意的人忧心多躁”。

挽李文忠

贱子于人间利钝得失渺不相关，独与公情亲数年，见为老书生穷翰林而已；

国史遇大臣功罪是非向无论断，有吾皇褒忠一字，传俾内诸夏外四裔知之。

【注释】

老书生穷翰林：老书生谓已，穷翰林谓鸿章。吴汝纶《答李季皋书》［光绪二十二年（1896年）九月四日］：“弟近得令师范肯堂来书，于师相及我兄皆甚殷勤。又自言：去年见张香帅，一论及师相，彼此便参差不合。肯堂称师相家赀贫薄，香帅哂之，次日一城传笑此言，以为阿附云云。”谨按，光绪二十一年（1895年）十二月，伯子曾应张之洞之招至江宁。张不久有移镇湖广之命，先生从之乞近馆而不得。《范伯子诗集》卷十《香涛尚书将移镇湖广而余从之乞近馆再呈二首》诗末自注云：“余之来，尚书实招之，乃淡交。既接，而毁言日闻，故亦聊有所云以观其俯仰。”所谓“毁言”，疑即穷翰林之说也。

吾皇褒忠一字：李鸿章卒谥文忠。

内诸夏外四裔：内诸夏外四夷。化用《春秋公羊传·成公十五年》：“春秋，内其国而外诸夏，内诸夏而外夷狄。”

【解析】

胡君复《古今联语汇选初集·哀挽一》选有此联。光绪二十七年（1901年）伯子与三弟范铠书云："今年行挽联之运，最著者如李文忠云云，吾弟视文忠此番哀挽又能作此等言语气象者耶？余如冯香老、王铭勋兄诸联亦皆沉痛，不一一写寄。"

李鸿章权倾天下，毁誉之名亦随之，设悉数其宦绩功勋，为之辩驳，则下笔千言矣。此作避实就虚，上联直书"我"眼中之中堂，赞其为官之清（孙建以为老书生乃伯子自道），下联借口皇帝，褒其为国之忠。全联以散句为之，笔法曲折，语气酣畅，堪称以文入联之典范。

【汇评】

王锡韩：吾邑范肯堂先生（当世）尝馆于文忠家数年。文忠殁，范挽以联云："贱子于人间利钝得失，渺不相关，独与公情亲数年，见为老书生穷翰林而已；史家遇大臣功罪是非，向无论断，有吾皇褒忠一字，传俾内诸夏外四夷知之。"范为武昌张濂亭、桐城吴挚甫二先生高弟子，生平撰著，多得力于古文，睹此联可见其一斑。或谓，文忠生平封殖甚厚，而何得言穷？然视不穷若穷者，正是先生自占身分处，所谓无献子之家者也。

姚鹓雏：余生平作联不多，作亦多不佳。曩岁肄业大学时，为大学堂全体代挽张南皮云："揭来为国太忧勤，龙马精神千载少；此去知公不寂寞，夔皋辅弼九原多。"差似浑雅耳。至见范伯子挽李合肥一联云云，语气体格，又相悬殊矣。

龙公《江左十年目睹记》第二十回，借江维（影射方还——引者注）之口说："在近时人中，作挽联我最佩服的是范肯堂。你看他挽李少荃的联语，何等阔大悲壮，我至今还记得。……挽李少荃最难措词，惟他的联句最为得体。上联是'贱子与当世得失利钝，渺不相关，独与公情亲数年，知其为老书生、穷翰林而已'；下联是'国史于大臣功过是非，向无论断，得圣主褒忠一字，传之与外四裔、内诸夏知之'。"

梁羽生：范当世的挽李鸿章联，亦是强调李鸿章的大节乃是对于清室之忠的。不过在忠的评价方面，我和他不同而已。范联云："贱子于人间利钝得失渺不相关，独与公情亲数年，见为老书生穷翰林而已；国史遇大臣功罪是非向无论断，有吾皇褒忠一字，传俾内诸夏外四裔知之。”范当世，清末诗人，曾馆于李家，上联是说他眼中所见的李鸿章，纯从道义之交这点着笔，无视李的富贵；下联的“褒忠”云云，则因清廷给李鸿章之谥乃是文忠也。

高拜石：甲午（1894年）以后，李鸿章父子为国人所集矢，众口铄金，清廷亦不给面子，拔去三眼花翎，褫去黄马褂，免掉直督及北洋大臣之职，吴挚甫所谓“有舌烧城，以国倾公”之时也，黯暗至极。戊戌变政时，连总理各国事务衙门大臣的职衔也丢掉了，后奉派到山东戡灾，这时确是寂寞之时。己亥（1899年）冬派他署两广总督，一直到庚子（1900年），才叫他北上议和。七十九岁的老翁，周旋折冲于狡狠贪诈、非我族类的各战胜者之间，弄得积劳吐血，在贤良寺躺下之后，殁而犹视，清廷赐谥文忠。伯子挽以联云：“贱子于人间利钝得失渺不相关，班与公情亲数年，见为老诸生穷翰林而已；国史对大臣功罪是非向无论断，得吾皇褒忠一字，传俾外四夷内诸夏知之。”将“李二先生”的轮廓画了出来，才人手笔，自是不凡，而感愤之情，也溢于辞句。

沈云龙：光绪二十七年（1901年），鸿章与八国联军议和，逝世北京贤良寺，谥文忠。肯堂寄联以挽云：“贱子于人间利钝得失，渺不相关，独与公情亲数年，见为老书生穷翰林而已；国史遇大臣功罪是非，向无论断，有吾皇褒忠二字，传俾内诸夏外四夷知之。”感愤之情，溢于纸上。

王揖唐：文忠为一代伟人，挽联之多，自不待言。余最爱余友严侯官一联，尤有隽味，录之：“倘当年尽用其谋，知国事必不至此；脱后来无以自见，则士论更当如何？”此与昔人挽张江陵诗句“恩怨尽时方论定，封疆危时见才难”，同一用意。

挽吴外舅

老吾见其孝，幼吾见其慈，搔首问天，历历平生多少事？

子则未能收，婿则未能诀，含悲入地，茫茫后顾属何人？

【注释】

吴外舅：名芰庵（？—1900），江苏如皋人。《范伯子先生行实编年》："光绪二十六年十二月，外舅吴芰庵卒，偕姚夫人往吊。"本联当作于是年。

老吾见其孝，幼吾见其慈：化用《孟子·梁惠王上》"老吾老，以及人之老；幼吾幼，以及人之幼"。卫湜《礼记集说》卷六十三云："老吾老以及人之老，所以教天下之孝；幼吾幼以及人之幼，所以教天下之慈。"

搔首问天：卢象升《忠肃集》卷一《渔家傲》词其二"搔首问天摩巨阙，平生有恨何时雪"。尤侗《临江仙·拟辛稼轩》词："搔首问天天不语，光阴无计消磨，挑灯看剑自摩挲。"

【汇评】

曹文麟：此即吴仲懿先生之父。

挽徐清惠之继室顾夫人

贤夫作疆臣，贤子居郎署，贤孙更掇科名，秉德垂型，遇有变迁风自肃；

吾亲论世好，吾弟属年家，吾妇复成姻眷，衔哀致奠，情虽亲切分从初。

【注释】

徐清惠：徐宗幹（1796—1866），字树人。嘉庆二十五年（1820年）进士。道光间历山东曲阜、泰安等县知县，累擢福建台湾道。咸丰七年（1857年），授浙江按察使，迁布政使。同治间，官至福建巡抚。曾协同左宗棠击败汀、漳李世贤部太平军。卒谥清惠。有《斯未信斋文稿》及自订年谱。《清史稿》卷四百二十六有传。

顾夫人：《范伯子集》附录《范伯子联语》本作“顾”，民国《通通日报》剪贴本《范伯子联语注》作“孙”，王锡韩《蜷学庐联话》从之。据吴大廷《小酉腴山馆文钞》卷十一《兵部侍郎福建巡抚清惠徐公墓志铭》：“娶刘夫人，无子早卒。侧室四：一聂，一陈，一吕，一顾。生女子子四人……生男子子一，毓海，顾出，后以顾为继室。”

【解析】

此联以鼎足对起，以四七句式收，分句虽多而结构划然。揆之或由与被挽者三重关系入手，乃思以其夫、其子、其孙为对，人相我相，面面俱到。四言为腰句，牵绾承接，自然恰合。

【汇评】

曹文麟：徐清惠公宗幹，官至福建巡抚，子毓海，户部主事，孙祖荫，光绪甲午（1894年）以监生中副榜。盖及其孙而家式微矣。荫堂先生于清惠公抚浙时曾在幕中，次子仲林先生甲午中亚元，于祖荫为同年。

王锡韩《蜷学庐联话》卷四：徐树人中丞（宗幹）由进士外用知县，洊升福建巡抚。其子毓海，以京曹终。光绪甲午（1894年），其孙祖荫又得副贡，时清惠公死已久，而继室顾夫人犹及见之。然其家已中落，迥非清惠时比。顾夫人殁，肯堂先生撰一联曰：“贤夫作疆臣，贤子居郎署，贤孙更掇科名，秉德垂型，遇有变迁风自肃；吾亲论世好，吾弟属年家，吾妇复成姻眷，衔哀致奠，情虽亲切分从初。”盖先生次弟仲林大令，亦以甲午（1894年）科中试，于祖荫为同年也。

挽狼山镇曹肯堂

此在淮军诸将中最为全福；

能识通州三怪者亦岂庸人？

【注释】

狼山镇：光绪《通州直隶州志》卷七《军政志》有载，镇守狼山总兵官，顺治十八年（1661年）设。光绪时辖陆营四：扬州、泰州、三江、泰兴；水师营三：狼右营、通州营、掘港营。

曹肯堂：曹德庆（？—1901），字肯堂，安徽庐江人。初从吴长庆军，参与镇压太平军、捻军，累擢提督。光绪二年（1876年），统领淮扬水师，疏浚赤山湖埂，荡金陵诸河道。中法战争中，移军防吴淞，曾国藩疏荐其设防不避艰险，授狼山镇总兵，留防如故。光绪十六年（1890年），始赴本官。时通海里下河纵横数百里，枭寇出没，民苦之。德庆尽法惩治，奸宄浸息。光绪二十七年（1901年），卒，从祀吴长庆祠。《清史稿》卷四百五十七有传。

淮军：清末以李鸿章为首的封建武装。以淮南地主团练为基础，将领士兵多系安徽人，故名。咸丰三年（1853年），李鸿章在安徽合肥参与办团练，被太平军击败。后又在曾国藩支持下，以团练为基础，据湘军章程编练淮军六千五百人。1862年，调赴上海，勾结外国侵略者镇压太平军。同治四年（1865年）全军达六七万人，成为镇压捻军的主力。雇佣英法军官，配备洋枪洋炮，采用西法训练。主要将领有张树声、刘铭传、周盛波、潘鼎新、吴长庆、丁汝昌、叶志超、聂士成等，是清末重要武装政治集团之一。

通州三怪：张佩纶《涧于集·书牍五》之《致李兰孙师相》“状元张謇乃吴提督长庆幕客，与朱铭盘、范当世称通州三怪。朱中乙科，已故。范未售，近在合肥处课读。三怪伎俩不同，其为怪一也”。谨按：“三怪”之名，当时除先生自道外，仅于张函见之。又，所谓“三怪”，实则由张裕钊所谓“通州三生”（或作“三士”）而来，姚永概《范肯堂墓志铭》、徐世昌《晚晴簃诗汇》、汪国垣《近代诗人小传稿》、郑逸梅《艺林散叶》等皆有“伯子少负隽才，时武昌张裕钊有文章名，客江宁，伯子偕张謇、朱铭盘谒之，张大喜，自诧一日得通州三士，兹事有付托矣”云云。“三生”既成名，则为“三杰”，章士钊挽张謇联云：“贤才并朱范而三，人杰数通州，大老不遗东海憖；师友与吴袁为偶，前勋记朝鲜，余哀犹傍北山来。”自注：“盖南通夙与朱曼君铭盘、范肯堂当世齐名，号为通州三杰。”朱铭盘（1852—1893），原字日新，改字叔简，号曼君，泰兴人。光绪八年（1882年）举人。早年历游两淮盐运使方浚颐、庆军统领吴长庆幕。后随庆军历驻朝鲜及奉天金州，客死于旅顺军幕。有《桂之华轩诗文集》。

【解析】

胡君复《古今联语汇选初集·哀挽二》选有此联。

【汇评】

曹文麟：通州三怪者谓先生、朱曼君先生、啬庵师也。

挽陈伯雅

琴德最优，流水高山音杳杳；

宦游太苦，送江入海恨滔滔。

【注释】

陈伯雅：生平不详。

琴德最优：桓谭《新论》“八音广博，琴德最优”。又，嵇康《琴赋》：“众器之中，琴德最优。”琴德，本谓琴音所表现的雅正之德，此处当喻指人之品德清雅纯正。王辟之《渑水燕谈录》卷二《名臣》：“崔遵度，清节纯德，泊于荣利……琴德尤高，尝著琴静室，往往通夕，妻、子罕见其面。”窃以为，伯雅与伯牙谐音，故用高山流水之典溢美之。

挽孙文节之继室赵夫人

夫人随文节以传，秉德终身成一节；

垂老旷子孙之养，亢宗今日有重孙。

【注释】

孙文节：孙铭恩（？—1854），江苏通州人，字兰检，又字书常。道光十五年（1835年）进士，授编修。咸丰三年（1853年），连擢内阁学士、兵部右侍郎、安徽学政，驻太平府。次年，城陷，为太平军所俘，抗节不屈，死于江宁。谥文节。《清史稿》卷三百九十九有传，《中华历史人物别传集》第四十八册有行述。

亢宗：庇护宗族，光耀门庭。《左传·昭公元年》："吉不能亢身，焉能亢宗？"

孙登瀛：字继庭，孙文节之子。咸丰二年（1852年）进士，曾编纂《沙洲孙氏宗谱》十八卷，早亡。伯子祖父持信先生乃登瀛之授业恩师。

【解析】

哀挽之作不以技巧为能，此联复字尚无伤典重，上联所用谥号亦非尊者名讳，今人每作嵌名挽联，则失于儇佻，有违古道。

【汇评】

曹文麟：孙文节公铭恩，咸丰间在安徽学政任殉安庆之难，时赵夫人年犹少。公子咸丰壬子（1852年）进士、翰林院庶吉士改吏部主事，登瀛早逝，为之后者亦殇，夫人衰年，门庭极萧索。既殁，宗族乃为之立曾孙。

挽沈海秋之祖母张太宜人

文孙为一世英豪，颐养致天和，五载浑忘丧子恸；
贤母实百年人瑞，褒扬成故事，九原莫遂爱亲心。

【注释】

沈海秋：沈文瀚（？—1921），号海秋，江苏泰兴人。光绪十八年（1892年）二甲进士。曾纂有宣统《泰兴县志》、民国《如皋县志》。

文孙：本指周文王之孙。《书·立政》："继自今文子文孙。"孔传："文子文孙，文王之子孙。"后世泛用为对他人之孙的美称。赵翼《题肃本淳化帖》："文孙雅意惠来学，妙选宾友相切磋。"联中指沈海秋。

人瑞：人事方面的吉祥征兆。亦指有道德的人或年寿特高者。此处乃年高之意。

九原：春秋时晋国卿大夫的墓地。刘向《新序·杂事四》："晋平公过九原而叹曰：'嗟乎！此地之蕴吾良臣多矣，若使死者起也，吾将谁与归乎？'"后世泛指墓地。

【解析】

王锡韩《蜷学庐联话》卷四选有此联。

【汇评】

曹文麟：沈籍泰兴，翰林院庶吉士，名文瀚。

挽姚云卿丈

吾郡灵光惟有此；
明年社日却思君。

【注释】

姚云卿：沈燕谋《范伯子诗本事注》“姚云卿，名恩会，咸丰庚申岁贡，静海乡人”。光绪《通州直隶州志》卷十《选举志》：“姚恩会，字拱宸。”

灵光：“鲁灵光殿”之省。汉代著名宫殿名，在山东曲阜。王延寿《鲁灵光殿赋》序：“鲁灵光殿者，盖景帝程姬之子恭王余之所立也……遭汉中微，盗贼奔突，自西京未央、建章之殿皆见隳坏，而灵光岿然独存。”后世用以比喻硕果仅存的人或事物。亦省作“鲁殿”。

社日：古时祭祀土神的日子，一般在立春、立秋后第五个戊日。社祭之时，往往推举当地德高望重年尊者主持，故下联云云。

【汇评】

曹文麟：云卿先生为静海岁贡生，名恩会。

挽陆藕堂

结发共文游，笔墨芳馨在池藻；

抚心惜亡友，鼓钟悲慨到山枢。

【注释】

陆藕堂：江苏通州花纱布富商。热心地方教育事业，曾捐款帮助张謇开办通州师范学校。

结发：犹束发。参前文挽顾樾艭联“束发”注释。

笔墨芳馨在池藻：历来多以藻形容文采华丽，取喻其香者甚罕，惟朱熹《卧龙庵武侯祠》诗“寒藻荐芳馨，飞泉奉明酌”用之。伯子此联双关绝妙，盖实景既有藻香，又有文游之墨馥也。

鼓钟悲慨到山枢：《诗·唐风·山有枢》“山有枢，隰有榆。……子有钟鼓，弗鼓弗考，宛其死矣，他人是保”。

【汇评】

曹文麟：陆之殁也，宦绅戚属集其家，为部署其后事。陆故以富名于邑中。

王锡韩《蜷学庐联话》卷四：陆藕堂，吾邑二十年前之巨室也，然无子，尝出资修城南水心亭，集邑中诸名士游咏其间。肯堂先生亦时往赴之。及陆卒，先生为联以挽曰："结发共文游，笔墨芳馨在池藻；抚心惜亡友，鼓钟悲慨到山枢。"

挽顾屺思

昨与众上书，望而知若所为，真有精诚通老辈；

天夺吾志士，痛不欲会其敛，尚留梦想在人间。

【解析】

胡君复《古今联语汇选初集·哀挽二》选有此联。"尚留"作"稍留"。另，王话与曹注所谓"献策"者不同。献策盖婉辞也。光绪二十八年（1902年）五月五日，伯子有《与三弟范铠书》，言及办教育之豪情云："现在大事，则我欲截现存庚子一届宾兴之半四千五百千开办学堂，启告阖学，谓无人挠我也，而不意顾氏父子公然鼓动数十百人与我为难。我恨其太鄙，立挟又楼与我先自承捐五百千作为我欲分大生厂之红，向季直借二千千，合此二千五百千，再向剑星不拘何项借拨二千五百千，有此五千千抵半宾兴，让彼辈发财而我于学堂得自主矣，无人能过我而问者矣，岂非快事！"顾氏父子谓顾兰升（芷庭）、顾育李（屺思）父子。又，《范伯子诗集》卷十七有诗题为："余以经营学堂启告乡人，谋所以肇始者，一日而得匿名书盈寸，纷哓所在，成聚皆集矢于余身，良用悲惋，梦湘山长乃以独游军山诗相示，余因感其地为先勋卿公明季逃禅之所，其说谓吾多年老寡妇，岂复向人，而一日不受吏，则徒苦吾民，遂去之军山，与尧封老人辈讲佛法焉，此通州所以保全至今也。先人不争世名而常为一乡受难，区区亦惟先志是从耳，爰即次韵述怀，以呈教于山长及州主。"诗则云："我今实亦爱其类，恐遂茫昧千年终。圣皇忧勤日有诏，敬告海内毋雕虫。官师贤能眼如炬，奚以若辈犹昏瞳。欲偷天酒浑难得，莫把松容掩醉枫。"深切表达了对乡民的关切和对事不关己、高高挂起的官僚的责问，可与王话作注。

【汇评】

曹文麟：屺思，名育李，孝廉芷庭先生子也。才名耀一邑，殁时年仅二十余。肯堂先生时规画地方新政，屺思尝集群士献策。

王锡韩：光绪辛丑（1901年），办学令下，肯堂先生与张季直殿撰谋所以创始者，拟将邑中旧有书院及乡会试宾兴存款移拨提用，作为开办经费，而先由先生启告邑人。邑人大噪，竞集矢先生。先生一日得匿名书盈寸。顾君屺思，芷庭广文（兰升）之公子也，能文章，工书法，颇有名于时，时名亦在书中。未几，屺思以时疾死，先生挽以联曰："昨与众上书，望而知若所为，真有精诚通老辈；天夺吾志士，痛不欲会其殓，尚留梦想在人间。"屺思，名育李，廪膳生。

挽六叔父

先君同气七人，爱护未能，凋丧若此；

犹子入官屡载，尊荣且至，奄忽胡为？

【注释】

同气：有血缘关系的亲属，特指兄弟姊妹。《后汉书·东平宪王苍传》："凡匹夫一介，尚不忘箪食之惠，况臣居宰相之位，同气之亲哉！"据《南通范氏云从公长子太蒙公分支世系图》，伯子叔伯辈共有昆弟七人：廷琛、廷柱、金如、如松、宝森、鸣镛、福保。六叔即鸣镛，字振之。

犹子：侄子。《礼记·檀弓上》："丧服，兄弟之子，犹子也，盖引而进之也。"本指丧服而言，后世因称兄弟之子为犹子。

奄忽：死亡。《后汉书·赵岐传》："卧蓐七年，自虑奄忽，乃为遗令敕兄子。"又苏东坡《与鲁直书》："独元老奄忽，为之流涕。"

【解析】

光绪二十八年（1902年）六月，江苏通州大疫，百姓多病死。七月初六，伯子六叔染疫病故，先生“哭之痛，身后一切皆从丰”。（《范钟日记》）七月十九日，伯子与三弟范铠书云：“所可痛者，则六叔老病恹恹，至本月初六日卯时遂已下世。其证象入夏已重，吾亦明知不起，而不谓其如此之速。吾购燕窝一斤，只吃去五六两也。然自前月下体日肿，而容日黑削，吾对面吃饭而心痛焉。旋即商之汝嫂，密为之制里衣，故诸凡不至仓猝。……挽联云：‘先君同气七人，爱护未能，凋丧若此；犹子入官屡载，尊荣且至，奄忽胡为？’吾之所为伤悼者在此，吾所谓乐仅事而福靳焉者亦即此也！”

【汇评】

曹文麟：犹子入官，盖谓仲林先生成进士后，为河南县令。

挽李月湖

区区能爱子才，未若贤宗夸子孝；

磊磊不求乡誉，却看美谥定乡评。

【注释】

李月湖：沈燕谋《范伯子诗本事注》“李月湖先生京靡，字璧人，增贡生，著有《绿乡簃诗稿》”。《南通县图志》卷十九《列传一》有传。

【解析】

曹文麟评语中之李幼清，名曰廉，字幼清，家世甚贫，以名字相律，益刻意文学，见重于长者，朱铭盘、张謇、范当世称“通州三怪”，并敬友之。著有《秭花山馆诗》四卷，藏于家。宣统元年（1909年），举孝廉方正，不就。《南通县图志》卷十九《列传一》有传。范伯子《上吴挚甫先生书》云："李故通州文儒世家，近数十年乃几于绝种。十五年前，家大人曾为他李氏者葬七棺，此由行道所见，恻然不忍于故家之涂地。与上世之相好访其孑遗之一二人，则飘流在外，不知存亡，遂与朱介人先生典质为此。比讫事，亦无人来谢。三年之后，学政试童子，出榜之日，突有一人曰李幼清者诣家大人，伏地哭而叩头无算，自陈闻此事，乃无颜来见，伏匿乡村，饮泣攻苦，念非得一衿，则死不谢耳。家大人以其言之恸也，亦相持而哭，审其人有志行，即命愚兄弟与之订交，又益发舒其意，为之谋栖止，为之娶故家老女为妇。"夏旸，《江南通志》卷一百五十九《人物志·孝义三》："夏旸，字国辉，通州石工，目不知书，而志行纯笃。每日旰，必设酒醪，引诸孙戏亲侧。亲或拂意，即与妻朱氏跪谢，候改容，乃退。母卒，父年老独处，旸不远出，夜不入私室，寝辄抱父足，冬月则温其溺器于怀，如是十余年，年九十四卒。虔奉二亲神主，事必启而后行。遇疾风暴雨，便行视墓所，攀树泫然。当父在日，旸之子尝以小忿为其弟殴至毙。旸恶伤父志，但含涕不言。御史刘存德按部，闻旸名，召见，叹嗟自以宦游违养久，执旸手对之流涕，命制衣一袭，亲衣之。其卒也，督学御史黄弘毗下州为立祠表焉。"光绪《通州直隶州志》卷十三《人物志下·孝友传》亦有夏旸传，较通志稍详。又，该志卷二《山川志·名迹》载："孝子夏旸墓在州南转水泓。"朱穆，字公叔，东汉南阳宛人。笃于学，举孝廉。桓帝时拜侍御史。永兴元年（153年），为冀州刺史，弹劾权贵，为政严明。以忤宦官被输作左校，太学生数千人为讼其冤。后拜尚书。禄仕数十年，蔬食布衣，家无余财。《后汉书·朱穆传》："初，穆父卒，穆与诸儒考依古义谥曰贞宣先生。及穆卒，蔡邕复与门人共述其体行，谥为文忠先生。"李贤等注："谥法曰清白守节曰贞，善闻周达曰宣。"又引《袁山松书》曰："蔡邕议曰：'鲁季文子，君子以为忠，而谥曰文子。'又传曰：'忠，文之实也。'忠以为实，文以彰之。遂共谥穆。"完初先生，《江苏艺文志·南通卷》："范崇简，字完初，号懒牛，又号浮休居士。清通州人。凤翼后，兆虞子。诸生。工诗，能书画。不好习举子业。乾隆四十九年，与胡长龄、李懿曾等在里结山茨社。嘉庆十二年省试，与友人竟月寻山，遍览鸡笼、牛首、雁门、燕矶之胜。家贫，性孤介。与同人联菜根社，谈诗竟日，娓娓不倦。熟于乡曲遗事，曲折原委，了如指掌。善水墨画。性慎默，不轻臧否人物，以夷澹终其身。著有《怀旧琐言》《懒牛诗钞》《浮休集》等。"

【汇评】

曹文麟：贤宗谓李幼清先生，方以月湖先生孝行白有司请旌。幼清先生名曰廉，宣统初（1909年），举孝廉方正，亦善为联语，惟不多作，挽荫堂先生云："公墓与夏旸墓相邻，山水增辉，一古一今双孝子；私谥援朱穆谥之例，祖孙济美，曰贞曰献两先生。"荫堂先生之殁，乡人谥曰孝贞，其祖父完初先生之乡谥则为孝献。月湖先生名京廱，增贡生，富于才，善词章，而父母早殁，故当时邑人不能尽知其孝行也。

挽黄厚卿

昔闻长老论君家诸昆，皆曰韦仲将是保家主；
试以先生较乡人一辈，真觉马少游有善人风。

【注释】

黄厚卿：江苏通州人，生平不详。

韦仲将：韦诞（179—253），字仲将，魏京兆人。汉献帝建安中，为郡上计吏，特拜郎中。魏明帝太和中，为武都太守，以能书留补侍中。以光禄大夫逊位。善书法，师法张芝、邯郸淳，诸体皆能，尤精大字，魏室宝器铭题皆出其手。《三国志·魏书·荀彧传》裴松之注引孔融与韦诞父端书曰："前日元将（按：诞兄康之表字）来，渊才亮茂雅度弘毅，伟世之器也。昨日仲将又来，懿性贞实，文敏笃诚，保家之主也。不意双珠，尽出老蚌，甚珍贵之。"

【解析】

胡君复《古今联语汇选初集·哀挽二》选有此联。

此联核心即"保家""善人"四字，乃盖棺论定手法。

挽李仲彭袭侯

恨未遂旅顺督战之行，谁以奇才誉公子？

永莫追天津论文之乐，空将痛泪抚君儿。

【注释】

李仲彭：李经述（1864—1902），字仲彭，号澹园，李鸿章次子，实为嫡长子。《清史稿·李鸿章传》：“鸿章初以兄子经方为子，后生子经述，赏四品京堂，袭侯爵。”自幼刻苦学习，日尽数卷，能洞其源流，过目不忘。历代史事、兴衰治乱之源，无不悉心研究，尤所讲究本朝掌故，即使是稗官野史，亦参考无遗。光绪十一年（1885年）举人，光绪二十二年（1896年），特旨充参赞官，随侍鸿章出使英、法、俄、德、美各国。鸿章殁，天性纯笃，哀痛过深，未及二旬，竟以不起。著有《李袭侯遗集》。

恨未遂旅顺督战之行：刘体智《异辞录》卷三《张佩纶阻李经方为帅》“我师集平壤，势均，相率乞文忠公子伯行星使为帅。张幼樵副宪时参文忠幕，争曰：‘谓将门有子，仲彭、季皋宜当此选。公之弟且不以能战名，何有于其子？’文忠徐言曰：‘固知非太尉不可。’副宪曰：‘此为公也，非自谋也。’文忠乃复诸将电云：‘方儿向未亲行阵，吾更难内举不避亲。’云”。伯行即李经方，季皋即李经迈。由此联可知，除经方外，经述亦在考虑范围之内。

天津论文：光绪十七年（1891年），伯子至天津为李鸿章课其幼子李经迈，闲暇时颇与伯行、仲彭兄弟谈艺。《范伯子诗集》卷八有《伯行南去别恨方长深谈不嗣怅然成诗就番舶假砚墨书付其仆》《雪后两日仲彭乃以雪中两佳篇督和勉和一首应教因怀伯行》等诗。

【解析】

胡君复《古今联语汇选初集·哀挽二》选有此联。

【汇评】

曹文麟：仲彭，文忠公子。吴挚甫先生《李文忠公神道碑》云："子刑部员外郎经述，赏四品京堂，袭封一等侯。"又云："经述旋以毁卒。"

吴恭亨："又（范肯堂）挽李仲彭联云云，亦不着一议论，献一颂祷，而却情深文明。"惟吴氏所引"誉"作"慰"。

补祝何德辉参将

佳日相携，欲补东坡生日宴；

将星有耀，更看南极寿星高。

【注释】

何德辉：生平不详。

东坡生日宴：据《东坡全集》所附《东坡先生年谱》，苏轼生于宋仁宗皇帝景祐三年（1036年）十二月十九日。光绪二十五年（1899年）十二月十九日，东坡生日，伯子曾与友人置酒临觞，唱和诗篇，有《东坡生日临觞有感复和敬如》诸诗（见《范伯子诗集》卷十二）。

挽沈笔青太守

两郡讴歌，四邻想望；

一官落拓，三子峥嵘。

【注释】

沈笔青：当作"沈笔香"，即沈锡晋，因青、香形近而误刻。沈锡晋（1834—1901），字季蕃，号笔香，广东番禺人。同治十三年（1874年）连捷进士，改翰林院庶吉士。光绪二年（1876年）散馆，历吏部主事、郎中，光绪十八年（1892年）授扬州府知府，到任勤求吏治，整饬保甲，政暇延见郡邑才俊，勖以敦品励学。总督刘坤一奏保循良，得旨嘉奖。光绪二十六年（1900年），义和团运动蔓延至华北，扬州为南北要道，浮言四起，伏莽尤多窥伺，乃外示镇静，密筹防缉，地方安堵，士民称颂。光绪二十七年（1901年）调江宁知府，以保荐卓异请咨赴部引见，道经上海，病卒。家无余财，逾五载始得归葬。民国《番禺县续志》卷二十一《人物志四》有传。范伯子为其撰行状，李澄宇撰墓表。

四邻：非谓街坊邻居，乃指郡邑之邻境。

三子峥嵘：据《番禺县续志》，锡晋三子，长子宗畴，光绪十五年（1889年）举人，官光禄寺署正；次子宗嶙，光绪十五年（1889年）举人，官浙江桐庐知县；三子宗畡，两淮候补盐知事。峥嵘，谓人物卓越、不平凡。袁燮《絜斋集》卷十七《朝请大夫赠宣奉大夫赵公墓志铭》："为善日积，亶有余庆，诸子峥嵘，高门日盛。"又，胡应麟《少室山房集》卷六十七《参知张公睿父观察吴公文仲过访吴公旧宰金华订盟莫逆张公神交十载近始识荆乃并辱提携收之方外高轩枉问燕洽连宵国士之知敬酬此什》诗有"三都浩瀚裁新注，七子峥嵘缔旧盟"之句。

【解析】

上比颂其宦绩，犹是人人心中可有之句，下比"一官落拓"记其清廉，而词意未免颓唐，倘结以"四壁萧然"云云，则俗手矣。故以"三子峥嵘"继之，顿觉振起。

代李方伯题江南高等学堂

帝以此地为十八行省之所先，屡诏观成，闿泽遂流江上下；

天俾圣人至二千余年而益大，通方设教，声明何闲海西东。

【注释】

李方伯：李有棻（1841—1906），江西萍乡人，字香缘，一字芗垣，同治十二年（1873年）拔贡。由内阁中书分发湖南候补知府，历沅州、襄阳，光绪十年（1884年）冬署武昌，官至江宁布政使。李系张裕钊弟子，与先生属同门故交。先是，光绪十一年（1885年），范钟客武昌，得以交游李有棻兄弟。

江南高等学堂：创立于光绪二十八年（1902年），由南京钟山书院在创办于光绪二十二年（1896年）的江南储才学堂并入后改建，校址位于南京市延龄巷门帘桥。首任监督为原钟山书院山长缪荃孙。

十八行省：《清史稿》卷五十四《地理志一》“世祖入关翦寇，定鼎燕都，悉有中国一十八省之地，统御九有，以定一尊”。实际上，明代并无十八省之说，因为明代南北两京加上十三个布政使司，总称为十五省。直到清康熙年间，原山海关内明朝故土才划分为所谓“内地十八省”，即直隶、江苏、安徽、山西、山东、河南、陕西、甘肃、浙江、江西、湖北、湖南、四川、福建、广东、广西、云南、贵州。

观成：看到成果。《诗·大雅·文王有声》：“遹观厥成。”

闿泽：恳切而宏阔的恩泽。陈维崧《璇玑玉衡赋》：“皇上御历之十有八年，闿泽覃敷。”

声明：声教文明。

【汇评】

曹文麟：当时学校制度尚未定，陆师学堂、水师学堂外，文科之校，以省会高等学堂为至高，若古之州郡学也。

挽朱秋畹训导

薄宦不归，谁与招魂渡江水；

倾谈如昨，却教为别怨秋声。

【注释】

朱秋畹：民国《南通县图志》卷十七《文职官表一·前清训导》有载，光绪二十四年（1898年）朱龄，江阴廪生，任至（光绪）二十九年（1903年）。民国《江阴县续志》卷十六《人物二·行谊》：朱龄，字秋畹，岁贡生，官通州训导。孝事瞽母，饮食汤药必亲奉，夜必侍寝，如是六年。发逆乱，邑中义学田产单簿悉毁，龄力为清厘，并置田二百余亩。

薄宦不归：殷奎《强斋集》卷八《伏承陕省卜架阁以腊粥稻米相馈麟游危赞府亦寄鹿脯到斋赋此叙谢》诗“薄宦不归芳岁晚，倚楼一望又斜阳”。薄宦，卑微的官职。训导，乃最下层教育工作者。

却教为别怨秋声：郑燮《芭蕉》诗“芭蕉叶叶为多情，一叶才舒一叶生。自是相思抽不尽，却教风雨怨秋声”。

挽保韵秋

我闻诸夫子，狷者有所不为，是亦其次也；

古之乡先生，没而可祭于社，意在斯人与！

【注释】

狷者有所不为：《论语·子路》“狂者进取，狷者有所不为也”。

古之乡先生，没而可祭于社，意在斯人与：语出韩愈《送杨少尹序》“古之所谓乡先生，没而可祭于社者，其在斯人欤”。

【解析】

胡君复《古今联语汇选初集·哀挽二》选有此联。

全以议论出之，人在言外。

【汇评】

曹文麟：保韵秋先生，岁贡生，名金枝。

王锡韩：保韵秋明经金枝，性狷介，为前辈中之最方严者。其殁，肯堂先生以联挽之曰："我闻诸夫子，狷者有所不为，是亦其次也；古之乡先生，殁而可祭于社，意在斯人欤？"

吴恭亨：范肯堂对联，虽一极寻常细小题目，苟出其手，即若龙虎跳掷，不可捉摸，文坛怪杰，其诸拿破仑之用兵，达摩之面壁言禅乎！续录一二，以代初学导师。一挽保韵秋云："我闻诸夫子，狷者有所不为，是亦其次也；古之乡先生，没而可祭如社，意在斯人乎！"一挽达蔚卿云："士有不得志，痛泪何多！甚矣子之营父葬；身则无所贪，劳生转剧，茫乎吾欲从公游。"一挽陶宾南之父云："从野蛮时期至文明时期，两可间必有磊磊畸人，不显于代；以普通教育兴实业教育，十年后惟望粲粲诸子，无忘斯言。"按，诸联似金黄八股大家之于文，掉臂理窟，批却导窾，力凑单微，彼王尤派之搬演鸟兽草木名词以枝梧搪塞者，相差岂止十百由旬。

挽丁月波之母

少小母旁嬉，得睹慈颜如昨日；

艰难夫后死，仍留厚德与全家。

【注释】

丁月波：江苏通州人，伯子青年时期的好友，见《张謇日记》，非泰兴之丁文渊号月波者。

艰难后死：邓汉仪《题息夫人庙》诗"楚宫慵扫黛眉新，只自无言对暮春。千古艰难惟一死，伤心岂独息夫人"。又，聂荣臻挽叶挺联："五十载崎岖世路，献身革命，尽瘁斯民，海内瀛寰，同钦气节；两次长征凡七载；流亡异域，苦经十度春秋，反动阴谋空画饼；纵几处羁囚，壮怀尤烈，方期延水堤边，宏抒国事，天丧巨才无可赎，旷古艰难遗后死；二十年忧患旧交，同学苏京，并肩北伐，南昌广州，共举义旗；一朝分手隔重洋；抗日军兴，血战大江南北，茂林惨变痛陷身；喜今番出狱，久别再逢，孰意黑茶山上，飞殒长星，我哭故人成永诀，普天涕泪失英雄。”

【解析】

胡君复《古今联语汇选初集·哀挽四》选有此联，“死”作“卒”。

挽王瑞之之母

夫人媲史上彤辉，四德总区明，那更生儿愁异腹；

令子在群中玉立，一经已憔悴，况堪失恃到穷年。

【注释】

王瑞之：生平不详。

四德：指封建礼教中妇女应有的四种德行。《周礼·天官冢宰·九嫔》：“掌妇学之法，以教九御妇德、妇言、妇容、妇功。”郑玄注：“妇德谓贞顺，妇言谓辞令，妇容谓婉娩，妇功谓丝枲。”

区明：区分明晰，各方面都很突出。

玉立：比喻姿态修美。贺铸《惜奴娇》词：“玉立佳人，韵不减，吴苏小。”此形容女子；郭沫若《南冠草》附录《夏完淳上》：“钱漱广为余内兄，丰姿玉立，神采骏扬。”此则为形容男子。

一经：《汉书·韦贤传》“（贤）兼通《礼》《尚书》，以《诗》教授，号称邹鲁大儒……四子：长子方山为高寝令，早终；次子弘，至东海太守；次子舜，留鲁守坟墓；少子玄成，复以明经历位至丞相，故邹鲁谚曰：‘遗子黄金满籯，不如一经。’”王应麟《三字经》：“人遗子，金满籯；我教子，惟一经。”

失恃：丧母的婉称。语出《诗·小雅·蓼莪》：“无父何怙，无母何恃。”

穷年：终其天年，毕生。

挽顾汉章

意气长诸贤，敛抑卒为乡善士；

文章征逸行，踌躇应比古传人。

【注释】

顾汉章：生平不详。

敛抑：约束抑制。徐渭《拟上督府书》：“深自敛抑，未尝有一言以闻于人。”金兰生编《格言联璧·存养类》：“敬守此心则心定，敛抑其气则气平。”

乡善士：乡中有德之士。《孟子·万章下》：“一乡之善士，斯友一乡之善士；一国之善士，斯友一国之善士；天下之善士，斯友天下之善士。以友天下之善士为未足，又尚论古之人。”

逸行：超逸闲放的德行。行，仄读如“杏”。

踌躇：从容自得。《庄子·外物》：“圣人踌躇以兴事。”

传人：指声名留传到后世的人。《荀子·非相》：“五帝之外无传人，非无贤人也，久故也。”赵翼《瓯北诗话》卷六：“先生具寿者相，得天独厚，为一代传人，岂偶然哉？”

挽挚甫先生

君今安往乎，吾末之也已；

无不善画者，莫能图何哉？

【注释】

君今安往乎："今安往"，刘克庄《后村集》卷三十五、李攀龙《沧溟集》卷二十四均用为缅怀祭奠之词。

末之也已：《论语·阳货》"公山弗扰以费畔，召，子欲往。子路不说，曰：'末之也已，何必公山氏之之也？'"伯子此处加一"吾"字，与前半句呼应，并喻汝纶为孔子，而自己则如子路之侍学也。

无不善画者，莫能图何哉：语出《史记·田儋列传》"太史公曰：'不无善画者，莫能图，何哉？'"

【解析】

胡君复《古今联语汇选初集·哀挽二》选有此联，并录严复挽吴氏联云："平生风义兼师友，天下英雄惟使君。"另，徐一瓢、沈云龙引句皆作"不无"，与曹文麟异，徐、沈是。曹文麟《觉庵联语》挽范肯堂先生云："奈何舍至行，述卅年间名士风流，东国号同文，燕书郢说多此类；恨未启归帆，申两月前上书本意，南州失重望，周情孔思更何人？"

【汇评】

曹文麟：先生与吴先生之契分，散见于诗文集中，于其殁只集句以挽，所谓情至则无文，然亦足见其独对苍茫放声一哭也。姚叔节先生《慎宜轩文集》有吴汝纶行状，马通伯先生《桐城耆旧传》有吴汝纶传，先生于此事盖让之姚、马二公矣。吴先生之殁为光绪二十九年（1903年），明年先生即世，盖形神亦已为之萧索可痛也。文麟之往日本，在吴先生归国后，尝见日本文学家所为吴先生生平，述亦及其交通州名士范肯堂，当时声称之被远矣。惟仅曰名士，则犹未知我范先生者，故文麟在东京闻先生之丧，成挽联寄里中，亦及之。

王锡韩：范肯堂先生所为联语，哀挽居其大半。闻其家有手写本，久欲借观，以公子彦殊兄弟游京师，未果。今年秋，友人曹君勋阁闻余有联话之辑，乃出其节录本相示。虽先生所撰不仅此，然当十得三四矣……又挽吴挚甫刺史云："君今安往乎？吾末之也已！世无善画者，莫能图何哉！"盖先生于吴为亲炙弟子，故言沉挚如此也。

高拜石：挚甫请先赴日本考察学制，返国时，曾与伯子见面，详把日本学制见告。伯子亦以为乡国长育人才自任，慨然强起，其时规制初拟，迂儒老生，骇为异端，极口訾嗷，至于投书丑诋，伯子一一接之以和，或当面相与论辩，或用书面详予解释，略见端绪，而吴挚甫于光绪二十九年（1903年），遽因末疾逝世，伯子哭以联云："君今安往乎，吾末之也已；无不善画者，莫能图何哉？"深谊挚交，情无所泄，以浑沦出之，弥见纯悫与怆痛。

徐一瓢：挽挚父则云："君今安往乎，吾末之也已；无不善画者，莫能图何哉？"交谊至深，情无所泄，则浑沌出之，弥见其挚，是无怪今日犹传诵人口也，盖无论先生之文之诗之联语，咸以情致胜。

沈云龙：当世殁于光绪三十年（1904年），年五十一。先一年，吴汝纶卒，当世挽以联云："君今安往乎？吾末之也已！无不善画者，莫能图何哉！"交谊至深，情无所泄，而以浑沌出之，即弥见其挚。

赠别汪剑星

为政十年心，经纬百方除太甚；

临歧一樽酒，绸缪万语望重来。

【注释】

汪剑星：名树堂（1850—1917），浙江余杭人。历任刑部、户部员外郎，句容知县，光绪十八年（1892年）出任通州知州。（《南通县图志》卷十三《职官表》）光绪二十九年（1903年）任淮安府知府，光绪三十一年（1905年）八月兼淮关监督，光绪三十三年（1907年）任海州直隶州知州，兼任海州中学堂第二任总办。沈燕谋《范伯子诗本事注》："汪剑星州牧树棠，任州事十一年，号为能吏，浙江余杭荫生。"

经纬百方：章潢《图书编》卷十三引《礼记大防》"夫人德性中森然，天则毕具，如心神之思虑，经纬百端，如耳目口体之视听言动，亲疏贵贱之交际事，使天人幽明之对”。

【解析】

胡君复《古今联语汇选初集·投赠一》、民国九年（1920年）上海会文堂刊行的《古今楹联类编》卷六《投赠》、民国十四年（1925年）中华书局《联对大全》卷五均选有此联。

【汇评】

曹文麟：汪任通州知州十一年乃去，先生文集卷九有《汪剑星刺史寿序》，其时已九年矣，年五十。

万寿宫戏台联

敬懔天威，佩玉鸣鸾朝会处；

张皇祖道，哀丝豪竹别离间。

【注释】

敬懔天威：敬惧帝王的尊严。乾隆帝编纂《世宗宪皇帝圣训》卷八：“或由本乡之人庶风俗浇漓，其招致之由，必非无故，不可不敬凛天威，上下各自省畏也。”

佩玉鸣鸾：借指皇帝或贵族的出行。《礼记·玉藻》：“君子在车，则闻鸾和之声，行则鸣佩玉。”

朝会：谓诸侯、臣属及外国使者朝见天子。

张皇：势盛貌。

祖道：古代为出行者祭祀路神，并饮宴送行。

哀丝豪竹：指悲壮的乐声。杜甫《醉为马坠诸公携酒相看》诗：“酒肉如山又一时，初筵哀丝动豪竹。”

【解析】

胡君复《古今联语汇选初集·戏台》选有此联。题作“范肯堂题万寿宫戏台联饯别汪剑星兼宴新任”。

饯别汪剑星兼宴新任

歌舞象人心，接迹循良，欢腾上下；

几筵崇礼意，坦怀宾主，美尽东南。

【注释】

美尽东南：王勃《滕王阁序》“台隍枕夷夏之交，宾主尽东南之美”。汪为主，浙江人，王为宾，福建人，浙江、福建皆东南沿海之省。

【解析】

曹文麟评语中之天宁寺，光绪《通州直隶州志》卷末《杂记·二氏（寺观附）》：“天宁禅寺在州治西北，唐咸通中僧藻焕建，旧名光孝寺，有光孝塔五级。宋政和中赐额曰大雄之殿，淳祐中，郡人印应雷奏改今名。咸淳中，郡人管某建毗卢阁。明天顺元年，僧法恩募修，学正黄宁记。”王旭庄，王仁东（1852—1918），字刚侯，一字旭庄，别署完巢。福建闽县人。光绪二年（1876年）举人，初任内阁中书，后官南通州知州，江安督粮道，苏州粮道兼苏州关监督等。著有《完巢剩稿》。光绪二十九年（1903年）正月二十日，王仁东代汪树堂署通州知州。（《张謇日记》）伯子曾为汪树堂及其幕僚黄穆（此二人正是张謇所痛恨者）极力调停斡旋，甚至要张謇答应不在总督张之洞面前告状，但汪仍被调离。先生是年有与三弟书（日期不详）云：“吾为黄穆事极力转圜，既罚二千归学堂了结，而藩台入圣言，重汪剑星甚至。季直既诺我，亦未必毁汪于南皮。汪从省归，畅然无复他虑。不意，祀灶日而南京来电，忽调省。署之者为王旭庄，正吾与季之友也。此殆南京安顿王，而与汪无交之故，然群意谓季直使之矣。”又云：“旭庄从宁归，定接署一年。前日归而吾往，昨今两日彼两来兼复唱和，其得意可知。”

【汇评】

曹文麟：万寿宫故在城中天宁寺左，建通海五属公立中学校时撤去，即今之南通中学前进西侧地也。中供皇帝牌，地方官吏岁朝及帝后生日往行朝贺礼。新任知州者，为王旭庄先生仁东。

挽周少墀之夫人

吾友谢宾客廿年，清门无声，前岁甫观厥子出；

夫人去乡国千里，大族有闻，当时曾识令兄来。

【注释】

周氏父子：光绪《通州直隶州志》卷十《选举志上》“同治六年丁卯，周源灏，铭勋子，字汉槎”。曹注作乙丑，误。又，民国《南通县图志》卷十九：“周福保，字少圃，拔贡生……从弟源灏，字少墀，举人，并有才行，世其门业。福保有《州乘拾遗》一卷，所采颇雅训，源灏为《蕉石山房骈文》，辞韵清远，并早卒，故传文不多。”顾偿基《周曾锦墓表》：“君姓周氏，讳曾锦，字晋琦，江苏南通人。父讳源灏，清举人，母张宜人、陶宜人。君，陶出，生九月而孤，六岁就傅，二十籍于庠。”徐昂《周晋琦遗著三种序》：“生九月而孤，以是益惓惓于母，逾冠失恃，罔然而呆，攘僧鼓鼓之，终夜有声，黎明哭踊，始悟其失措也。”

谢宾客：讳言他人去世，仅适用于男子。《儒林外史》第十回：“牛布衣说道：‘适才会见令表叔，才知尊大人已谢宾客，使我不胜伤感。’”

清门：书香门第。

【解析】

胡君复《古今联语汇选初集·哀挽四》选有此联。

【汇评】

曹文麟：周少墀先生名源灏，同治乙丑（1865年）举人，早逝。夫人氏陶，江宁籍，抚孤曾锦历二十年，孤学成，入州学，有名当世。其字曰晋琦，著有《藏天室诗集》《香草词》《卧庐词话》，亦早逝。

王锡韩：周晋琦幼丧父，其母陶太夫人亲教抚之。光绪某年，晋琦以州试第一人入泮。逾年，太夫人病殁，肯堂先生挽以联曰："吾友谢宾客廿年，清门无声，前岁甫观厥子出；夫人去乡国千里，大族有闻，当时曾识令兄来。"晋琦名曾锦，其父少墀孝廉，名源灏，夫人母家，盖上元大族也。

挽内弟吴觐宸

年少诸多善气，竟随哲弟俱亡，独以残躯终败运；

病馀无复哀情，犹为先妻一哭，并无遗胤望衰门。

【注释】

善气：和悦的神色。语出《管子·心术下》："善气迎人，亲于弟兄。"伯子用之于挽内弟联，可谓得体。

遗胤：后嗣，子孙。

衰门：衰落的门户。

【汇评】

曹文麟：此即吴仲懿之兄，哲弟即指仲懿，觐宸殁后，家所遗者，数寡妇耳！

王锡韩《蜷学庐联话》卷四：范又有挽妻弟吴觐宸联云："年少诸多善气，竟随哲弟俱亡，独以残躯终败运；病馀无复哀情，犹为先妻一恸，并无遗胤望衰门。"

挽侯氏姊

昔先君末命，权可为经，以义定名谁敢废；
恨吾母新丧，轻不加重，称情持服竟无由。

【注释】

恨吾母新丧：黄树模《范伯子先生行实编年》"光绪二十九年闰五月，母亲成夫人卒"。伯子撰有《先母述略》，可参。张謇有挽成夫人联云："推教子之圣善以及州人，遗命千金，女学维新开筚缕；与吾母相敬慕殆如士友，临丧一恸，先坟相望有松楸。"

称情：衡量人情。《礼记·三年问》："三年之丧，何也？曰：称情而立文，因以饰群，别亲疏贵贱之节，而弗可损益也。"郑玄注："称情而立文，称人之情轻重，而制其礼也。"

持服：守孝，服丧。俗亦称"吃服"。丧服按亲疏远近共分斩衰、齐衰、大功、小功、缌麻五等。丧服以斩衰为最重，按礼应服三年，期间若遇轻丧，则只能根据丧礼规定，更换局部不重要的服饰（《礼记·闲传》载"易服者易轻者"，具体则为男子易腰绖，妇人易首绖），而不能为其服本该服的丧，此联中所谓"轻不加重"也。伯子因母丧在先，重孝在身，于干姊侯氏之丧，不能再持轻服，惟有撰联表哀而已。

【解析】

胡君复《古今联语汇选初集·哀挽四》选有此联。

【汇评】

曹文麟：侯稻香之妇也。事实见挽侯稻香联之注。

王锡韩：肯堂先生家，与侯某邻，世好也。侯有妾，本勾栏中人，以比邻故，常往来先生家。先生之尊甫荫堂封翁，以其出身虽微，而性情柔顺可取，认为义女焉，临殁时，戒先生兄弟姊事之，载入遗嘱。其后侯妾死，先生方有太夫人之丧，为联挽之云："昔先君末命，权可为经，以义定名谁敢废；恨吾母新丧，轻不掩重，称情持服竟无由。"

吴恭亨：范肯堂又有挽侯氏姊联云："昔先君末命，权可为经，以义定名谁敢废；恨吾母新丧，轻不加重，称情持服竟无由。"援引礼经，系铃解铃，岂俗儒所能梦见？

挽顾生秩东

先师有孙十八人，得一足以兴家，岂意凋伤当盛运；
吾友丧子卅余日，及今未能走吊，空将老病泣芳龄。

【注释】

顾作基：字秩东，诸生。顾晴谷之子。

【解析】

曹文麟评语中之先师修定先生，即顾金标，字京詹，一字韵芳，岁贡生。乡谥修定。尝权海州、高邮二州训导。始与兄金楠并以文学教授乡里，弟子著籍者各数十百人，为时名宿。顾皆薄于进取，至子孙取科第，乃若刈获焉。同治六年（1867年），伯子始从顾金标问学。《范伯子文集》卷五《顾师母王太恭人八十寿序》："盖自吾之为修定弟子二十有五年，视裘英之诸兄如兄，而视其诸子犹子也。"昼蕃先生，沈燕谋《范伯子诗本事注》："顾先生昼蕃，名曾煜，字星若，廪贡生，训导金标之子也。"

【汇评】

曹文麟：先师谓修定先生，友谓昼蕃先生，樾艭先生之兄也。秩东名作基，与先生次子况字彦矧者同时入州学。

挽陈启谦之母孙淑人

尝以齿冢二律，受知于当代魁耆，孑然寡俦，女学至今犹否塞；

不亲鬓师廿年，自写其胸中郁勃，善哉有子，家声从此卜遐昌。

【注释】

陈启谦：沈燕谋《范伯子诗本事注》有载，陈启谦，后更名坚，字南琴，增贡生，浙江龙泉县知事，著有《持庵忆语》《农话》《南通州物产表》。光绪三十二年（1906年），售其旧宅与张謇兄弟筹建通州公立女子学校，曾任通州女子师范学校经理。

齿冢二律：民国《南通县图志》卷二十《列传二》“陈广绶妻孙氏，侍郎孙文节铭恩次女也。幼工书诗，年十九归广绶，以孝姑闻。始粤寇犯安徽，文节公死官所。孙年十七，侍母往觅忠骸不得，归以所堕齿具衣冠葬之。孙追痛，作《齿冢》二律。文节门下士俞樾见之，击节叹曰：‘吾师有女矣！’”并载孙淑人患心疾之因及自写其胸中郁勃云：“后广绶家不戒于火，焚及堂奥，姑迷不得出，孙夺身投烈焰中，掖出之，由是惊悸成疾，终身弗瘳。殁年五十有三，著有《未灰阁诗集》。”又，该志卷十九有《陈广绶传》（广绶，字霈庭）。

鬓师：陶谷《清异录·眉匠》“篦诚琐缕物也，然丈夫整鬓，妇人作眉，舍此无以代之，余名之曰鬓师、眉匠”。

【解析】

吴恭亨《对联话》卷十、胡君复《古今联语汇选初集·哀挽四》均选有此联。

【汇评】

曹文麟：淑人为文节公女，配陈公霈庭，中年有心疾，废栉沐。鬓师，篦也，见陶谷《清异录》。伯子诗集卷十七有《寿陈启谦之母五十孙文节之女也》绝句四首。

挽沈月樵

订交卅六年，事友若师，吾见其诚也，于吾父母尤亲，闻耗再奔，握手忍无兄弟视；

相隔百馀里，胡病而死，子若是猝焉，问子妻儿何状，临丧一痛，从此伤心路人看。

【注释】

沈月樵：江苏如皋人。生平不详。

【解析】

胡君复《古今联语汇选初集·哀挽二》选有此联，又云："如皋沈松成先生，少与张啬庵同举秀才，甚相得，啬分赠以云联：'言行拟之古人则德进；功名听诸天命自心闲。'"疑即月樵。

【汇评】

曹文麟：沈为先生至友，如皋人。

挽张又楼

从病来已作如是观，我虽旷达，人殊未知，死矣及旬犹弗告；

居世间真无不了事，母且遗忘，兄于何有，伤哉一哭莫能容。

【汇评】

曹文麟：又楼先生，名师江，癸酉副榜。殁时，先生方病，故家人不敢以张氏之讣告。下联云先生居成太夫人之丧，而与又楼先生有昆弟之好，故并举也。

王锡韩：张又楼先生（师江）之死，肯堂先生方病肺，讣至，家人虑其哀感，密之不令知，其后始以告。先生挽之曰：“从病来竟作如是观，我虽旷达，人殊未知，死矣及旬犹弗告；居世间真无不了事，母且遗忘，兄于何有，伤哉一哭莫能容。”盖先生丧母，时犹未卒哭也。

挽达蔚卿世丈

士有不得志，痛哭何多！甚矣子之营父葬；

身则无所贪，劳生转剧，茫乎吾欲逐公游。

【注释】

士有不得志：孟浩然《广陵别薛八》“士有不得志，栖栖吴楚间”。

身则无所贪：徐元太《喻林》卷八十三“身无所贪慕，乐于山川如野鹿，常自守，不与人从事”。又，魏何晏《论语集解》卷二：“子曰：君子之于天下也，无适也，无莫也，义之与比也。注言，君子之于天下，无适，无莫，无所贪慕也，唯义之所在。”

【解析】

胡君复《古今联语汇选初集·哀挽二》选有此联，“痛哭”作“痛泪”。《晓山达公墓志铭》已收入范伯子《集外文》，今节录于下：“光绪五年正月二十九日公疾卒，得年八十有五，以三月某日葬于东郊卞家庙之新茔。明经君泣而乞铭于余。自余为儿时，侍先大父左右，于乡先生过从者未尝不问，问即未尝不心识。一时巨人长德，指不胜屈。其恭俭若怯、循墙而走、言讷讷如不能出诸口者，吾知为晓山达公。先大父尝指而谓余曰：‘是与交四十年并时补学官弟子者，今独吾两人矣！’因与公欢笑。其后数年，先大父卒，公哭甚哀。又数年，余复与公之孙少卿同补学官弟子，谒公。公喜曰：‘吾两家之好及三世矣！……若先大父与公固皆有古人之契，而家君与公子明经君又好以行谊节操相砥砺，少卿又慷慨好学问，爱余之兄弟，往往不耻为刍荛之诣，宜吾两家之好独至也。’”达家三世分别为：达葆青，字春亭，一字晓山，民国《南通县图志》卷十九有传；达森林，字蔚卿；达寿增，字少卿。

【汇评】

曹文麟：蔚卿先生名森林，增贡生，少卿先生之考也。少卿先生与先生同时入州学，先生有《晓山达公墓志铭》，文集不载。晓山先生为蔚卿先生之考，先生祖懋修先生与同入州学，故墓志有言曰：“吾两家之好及三世矣！”

题江宁曾忠襄公祠

出湖湘子弟以奠江淮，功德崇闳，山水开明媚祠宇；

由禹墨心胸而至黄老，精神博大，风云浩荡护灵旗。

【注释】

曾忠襄公：曾国荃（1824—1890），字沅甫，号叔纯，曾国藩弟。咸丰二年（1852年）优贡。咸丰六年（1856年），率领湘军随兄围剿太平军。咸丰十一年（1861年），破安庆。同治三年（1864年），攻陷天京，纵兵焚掠。封一等伯爵。后历任湖北、陕西、山西巡抚，陕甘总督，调两江总督兼南洋通商大臣。卒谥忠襄。《清史稿》卷四百一十三有传。《清史列传》载国荃卒后，奉旨入祀京师昭忠祠、贤良祠，并于湖南原籍、江宁省城建立专祠，此外立功省份，准其一并建祠。

开明：（天色）由暗转明。郦道元《水经注·夷水》：“盐神暮辄来宿，旦化为虫，群飞蔽日，天地晦暝，积十余日。廪君因伺便射杀之，天乃开明。”此处指曾氏兄弟剿灭太平军，有拨云见日、再造山河之功。

由禹墨心胸而至黄老：曾国藩兄弟既尊崇禹墨精神，主张劳动、吃苦、节俭和平民化，又以老庄之道为施政指导思想。曾国藩《求阙斋日记类钞》卷上咸丰十一年（1861年）十月：“立身之道，以禹墨之勤俭，兼老庄之静虚，庶于修己治人之术，两得之矣。”又，《曾国藩全集》日记（四）同治七年（1868年）十二月：“思古圣王制作之事，无论大小精粗，大抵皆本于平争、因势、善习、从俗、便民、救弊。非此六者，则不轻于制作也。吾曩者志事以老庄为体，禹墨为用，以不与、不遑、不称三者为法，若再深求六者之旨而不轻于有所兴作，则咎戾鲜矣。”又其《治心经十三篇》之十三《笃行篇》云：“游心如老庄之虚静，治身如禹墨之勤生。”《葵园学略》第二十载李元度尝言：“曾公自苦等于禹墨，持法则用申韩，善处功名之际则用黄老。”禹墨，大禹和墨子。黄老，黄帝和老子的并称，被后世道家奉为始祖。这里指道家清静无为的治世之术。

【解析】

胡君复《古今联语汇选初集·祠庙一》选有此联。

【汇评】

王锡韩《蜷学庐联话》卷一：范肯堂先生有题江宁曾忠襄公祠联云：“出湖湘子弟以奠江淮，功德崇闳，山水开明媚祠宇；由禹墨心胸而至黄老，精神博大，风云浩荡护灵旗。”

挽李辅清

当吾衰见老友先徂，挥涕写平生，仿古功曹真不愧；
及君在使孤孙继业，遗言皆听许，方今府主实非常。

【注释】

府主：指州郡长官。杜甫《课伐木》诗："城中贤府主，处贵如白屋。"此处指汪剑星。

【解析】

胡君复《古今联语汇选初集·哀挽二》选有此联。

【汇评】

曹文麟：李为州户吏，总漕粮事。殁之前，汪剑星州牧许以其孙继业，盖李生平固自洁家无余蓄也。

王锡韩：李辅清以管库吏起家，与范先生交颇厚，其未卒时，先生为言于州牧，以其孤孙袭职。既殁而挽以联曰："当吾衰见老友先徂，挥涕写平生，仿古功曹真不愧；及君在使孤孙继业，遗言皆听许，方今府主实非常。"

卷下

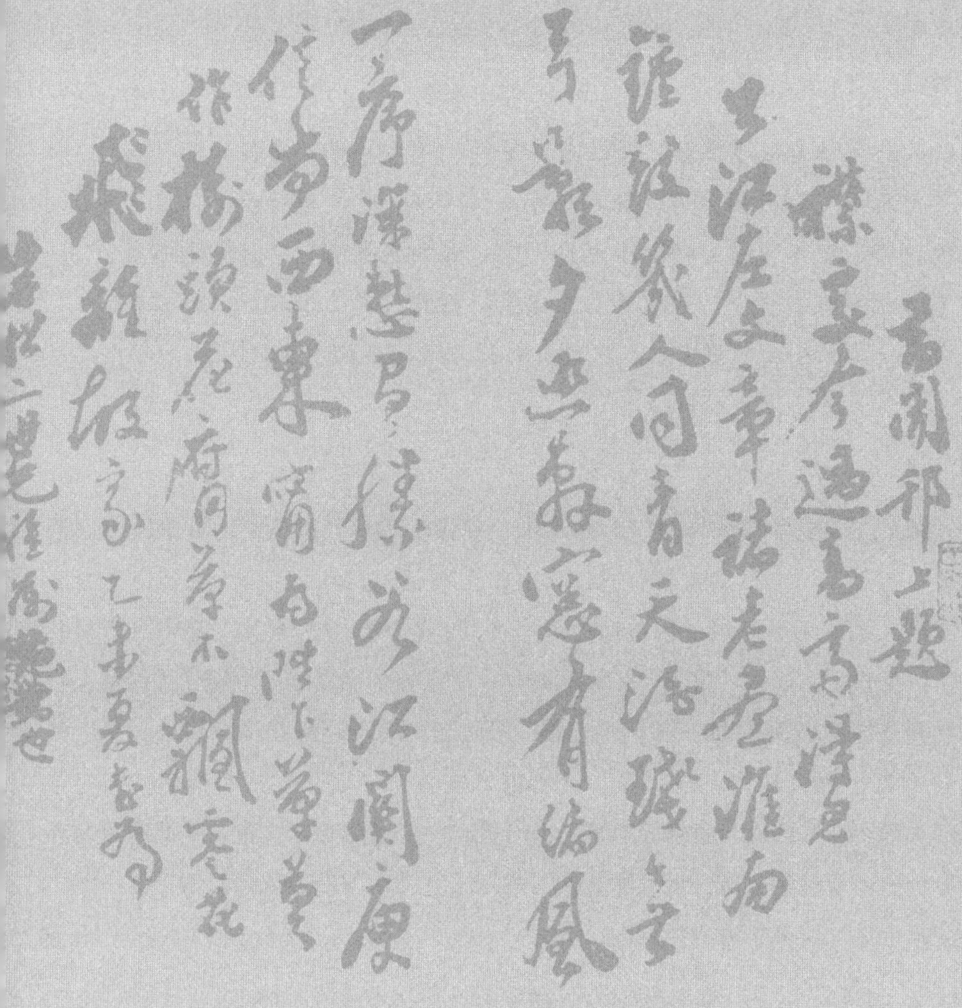

寿杜云秋五十

自天一言大任集；

先春五日寿觞开。

【注释】

杜云秋：杜俞，字云秋，号黄陵外史，湖南湘乡人。历任知县、知府、热河总兵、江苏候补道，署湖南布政使等职。辛亥革命后，任民国参议院议员、陆军中将，年六十九卒于京。瞿衡玑撰有《清署湖南布政使杜君云秋事略》一卷。曾国荃《曾忠襄公书札》卷二十二：“杜云秋年少才高，为敝邑后起之秀。”陈夔龙则有《赠杜云秋方伯》诗。

【解析】

《范伯子诗集》卷十八有《云秋奉命治军淮上伯严招同为之寿五十既赠联语复足成一诗》：“云秋肃肃若有适，胸次原无半点埃。自天一言大任集，先春五日寿觞开。酒中乐尽严风起，道远徒殚岁雪催。老病孱颜为君笑，眼中万事得胚胎。”以诗揆之，当以“自天”一联为寿词。梁章钜《楹联续话》卷三《挽词》：“毕秋帆先生总制两湖时，值剿捕流寇，未蒇功而薨。赵瓯北挽以联云：‘羊祜惠犹留岘首；马援功未竟壶头。’此不但‘岘首’‘壶头’用典精切，而‘羊祜’‘马援’亦成佳对，且切合时事，开合俯仰，尤见情馀于文也。按此联瓯北亦自得意，后衍成挽诗（按：见《瓯北集》卷三十九《秋帆制府挽词》四首之一），编入全集内矣。”则衍联成诗，前已有之。

寿曾纪泽

懋德所绥，横大海内外；

斯民之望，与太傅后先。

【注释】

曾纪泽：字劼刚，曾国藩长子。同治九年（1870年），由二品荫生补户部员外郎。光绪四年（1878年），出任驻英、法公使。后兼充驻俄公使，改崇厚已定之约，收回伊犁南境特克斯河流域。中法战争时，力与法人争辩。回国后官至兵部左侍郎。学术贯通中西。卒谥惠敏。有《曾惠敏公遗集》。《清史稿》卷四百四十六有传。《曾惠敏公荣哀录》，见《中华历史人物别传集》第六十二册。

懋德所绥：盛德所安抚（之处）。

斯民：老百姓。《孟子·万章上》："予将以斯道觉斯民也。"

太傅：指曾国藩。国藩卒后赠太傅，谥文正，祀京师昭忠、贤良祠。

【解析】

胡君复《古今联语汇选初集·庆贺一》选有此联，作者为吴汝纶。王闿运《湘绮楼联语》卷二有挽曾惠敏劼刚联，云："海外十年官，军国多艰，归朝未遂还乡愿；相门三世业，文章继起，史馆新除作传人。"刘体智《异辞录》卷二："曾惠敏归自欧洲，文忠以文正之嗣，亲近异乎寻常。惠敏年富气盛，略示欲得两江之意。文忠曰：'以子之才地勋劳，且承先德，何不可者！江南地大不易治，先试诸陕甘，何如？'惠敏怒曰：'虽死，固不愿往。'既而，醇邸屡以惠敏位置为问，文忠曰：'徐之以老其才。'惠敏困于译署，郁郁而卒，病中颇怼文忠负义。"

【汇评】

吴恭亨《对联话》卷五：范肯堂寿曾惠敏纪泽联云："懋德所绥，横大海内外；斯民之望，与太傅后先。"特若老重。

寿瞿晓岩六十

传诸好事，此会希有；

作为文章，其书满家。

【注释】

瞿晓岩：名长胜。江苏南通人，明经。性纯朴，家贫，授徒，藉从游以成名者无虑百数，多掇巍科者，而八膺乡荐不售，以布衣终。（《古今联语汇选补编·哀挽二》）

传诸好事，此会希有：白居易《白氏长庆集》卷三十七、尤袤《全唐诗话》卷三有载，会昌五年（845年）三月二十四日，胡、吉、郑、刘、卢、张六贤，皆多年寿，予亦次焉。偶于弊居，合成尚齿之会，七老相顾，既醉甚欢，静而思之，此会稀有，因各赋七言六韵诗一章以记之，或传诸好事者。又有二老，年貌绝伦，同归故乡，亦来斯会，续命书姓名年齿，写其形貌，附于图右，仍以一绝赠云：雪作须眉云作衣，辽东华表暮双归。当时一鹤尤希有，何况今逢两令威。

作为文章，其书满家：语出韩愈《进学解》。

【解析】

胡君复《古今联语汇选四集·庆贺一》选有此联，作范肯堂集韩白语寿瞿晓岩明经八十联。顾曾烜《方宧俪语》卷下：“丁亥孟春，将之秦中，荫堂范君招饮山茨，适诸公子为君称六十觞，算鹤歌骊，一时间作，撰言奉祝，即以志别。……范君诸子铜士、中木、秋门并负时望，旁邑才谓咸与纳交，闻君诞辰，不远数百里而至。因取白、韩二文公语为况：‘传诸好事，此会希有；作为文章，其书满家。’”王锡韩《蜷学庐联话》卷三亦云：“晴谷先生之将秦中也，范荫堂封翁置酒山茨饯之，时肯堂兄弟适为翁举六十寿觞，先生撰一联为祝，且以志别云云。及封翁寿辰，旁邑之客，不远数百里而至者，凡数十辈，皆肯堂先生友也。先生又取韩、白二文公语为之联曰：传诸好事，此会希有；作为文章，其书满家。”

【汇评】

吴恭亨《对联话》卷五：寿联有浑括作雅言者，最留人目……范肯堂集韩、白语寿瞿晓岩六十联云："传诸好事，此会希有；作为文章，其书满家。"……老重无枝叶。

挽陶宾南之父

从野蛮时期至文明时期，两可间必有磊磊畸人不显于代；

以普通教育兴实业教育，十年后惟望粲粲诸子无忘斯言。

【注释】

陶宾南：陶逊（1871—1918），字宾南，江苏丹徒人。曾与柳诒征等创办南京第一所新制小学思益小学堂，任校长。光绪三十年（1904年），与柳诒征、徐啸岩等到通州拜访张謇，讨论"寻常小学校教育"事。

畸人：有独特志行、不同流俗的人。《庄子·大宗师》："子贡曰：'敢问畸人？'曰：'畸人者，畸于人而侔于天。'"

实业教育：指清末通过创办实业学堂而进行的一种职业教育，与普通教育、师范教育共同构成了当时国民教育的主要内容。

粲粲：鲜明盛美貌。贺铸《江南曲·踏莎行》词："黄帘绛幕掩香风，当筵粲粲人如玉。"

【解析】

吴恭亨《对联话》卷六、胡君复《古今联语汇选初集·哀挽二》均选有此联。

融化新语，未能免俗，挽联而全无死意，即如左宗堂挽曾国藩联，亦曾见讥于吴恭亨，是不足为法。

赠张謇

学成师范，缙绅归慕；

独持风裁，声名自高。

【注释】

学成师范，缙绅归慕：张謇自记谓出自蔡邕《郭林宗碑》，实则出自《后汉书·赵壹传》“壹报曰：‘君学成师范，缙绅归慕，仰高希骥，历年滋多。’”师范，本谓学习的模范。此处有双关意，谓张謇创办通州师范。

独持风裁，声名自高：《后汉书·李膺传》“是时，朝廷日乱，纲纪颓阤，膺独持风裁，以声名自高。士有被其容接者，名为登龙门”。风裁，风宪、风纪。

【解析】

联见光绪三十年（1904年）九月十八日《张謇日记》。

题通州师范学堂

学成师范；

堂修礼容。

【注释】

堂修礼容：《后汉书》卷三十七《桓荣丁鸿列传》“庭列辎驾，堂修礼容。穆穆帝则，拥经以从”。

【解析】

联见光绪三十年（1904年）九月十七日《张謇日记》。

【汇评】

吴恭亨：南通代用师范礼堂中祀孔子，张季直题集句联："言有坛宇，行有坊表，学成师范；正其衣冠，尊其瞻视，堂修礼容。"极博大昌明之观，盖增饰伯子之联而成者。

寿李少崖之母刘太夫人

茑萝施于松柏，葛藟庇其根本，我李天开，百万枝条绾眉寿；

人望之若神仙，君所宝曰慈爱，报刘日永，五千道德祝长生。

【注释】

茑萝施于松柏：《诗·小雅·頍弁》"茑与女萝，施于松柏"。比喻关系亲密，寓依附攀缘之意。

葛藟庇其根本：《左传·文公七年》"公族，公室之枝叶也；若去之，则本根无所庇荫矣。葛藟犹能庇其本根，故君子以为比"。

我李天开，百万枝条：化用李白《赠清漳明府侄聿》"我李百万叶，柯条布中州。天开青云器，日为苍生忧"。

人望之若神仙：化用李膺典。《后汉书·郭太传》："后（太）归乡里，衣冠诸儒送至河上，车数千两。林宗唯与李膺同舟而济，众宾望之，以为神仙焉。"

君所宝曰慈爱：《道德经》第六十七章"我有三宝，持而宝之：一曰慈，二曰俭，三曰不敢为天下先！"

报刘日永：李密《陈情表》“臣密今年四十有四，祖母刘今年九十有六，是臣尽节于陛下之日长，报刘之日短也”。伯子系反用此语。“报刘”入联不独伯子，吴恭亨《对联话》卷十《哀挽五》载李澄宇代金勉齐哭祖母联云：“母氏早捐帏，赖祖母抚养躬亲，日短报刘，未读陈情先涕泪；男儿须报国，愧孙男遥陈薄奠，天方授楚，愿多杀贼当牺牲。”惜不如伯子之联贴切为工。

五千道德：老子《道德经》总共五千多字。《史记·老庄申韩列传》：“老子乃著书上下篇，言道德之意五千余言而去，莫知其所终。”后世遂以“五千言”或“五千道德”作为《道德经》的代称。老子，名李耳。

【解析】

以虾须起，以律句结，四字腰句紧扣姓氏，真神来之笔，可遇不可求。

【汇评】

王锡韩：李少崖先生鼎之母刘太夫人，吾友刘笃生之祖姑母也。笃生幼而孤，太夫人实教养之，至成立。虽别居，不令远，便朝夕相见也。而太夫人女孙二，亦以太夫人意，赘婿于家，不令离膝下。一门之内，盖骨肉三姓聚焉。光绪某年，太夫人年七十，范先生以联为寿云：“茑萝施于松柏，葛藟庇其根本，我李天开，百万枝条绾眉寿；人望之若神仙，君所宝曰慈爱，报刘日永，五千道德祝长生。”先生自言，作此联时，“我李天开”四字，苦思不得其对。后以事赴乡间，途中忽得“报刘”句，狂喜，几堕舆下。白题胡舞，浴盆脱底，文人得意时，固宜有此状态也。

姚鹓雏：寿李少崖之母刘太夫人联云：“茑萝施于松柏，葛藟庇其根本，我李天开，百万枝条绾眉寿；人望之若神仙，君所宝曰慈爱，报刘日永，五千道德祝长生。”先生自言，作此联时，“我李天开”四字，苦思不得其对。后以事赴乡间，途中忽得“报刘”句，狂喜，几堕舆下。

挽顾倌基

没世无言，享尽父兄慈爱福；

盖棺何恨，曾经沧海壮游身。

【注释】

没世无言：《文选》卷六十陆士衡《吊魏武帝文》“委躯命以待难，痛没世而永言”。

【解析】

胡君复《古今联语汇选初集·哀挽二》选有此联，题作“挽顾晴谷之幼子病哑者联”，下联作“盖棺论定，曾经沧海壮游来”。

【汇评】

王锡韩：肯堂先生所为联语，佳者极多。里中遇有婚丧庆祝等事，多以得先生一言为荣，而先生亦能各肖其人而为之词，不作一普通应酬语也。犹忆十余年前，顾晴谷先生（曾烜）第五公子宿言君（倌基）殁时，先生挽以一联，见者莫不倾服。宿言生而哑，晴谷先生官秦中时，宿言随任殆十年，年三十许矣。庚子后，晴谷先生弃官归，又数年宿言以疾卒于里。范挽之云：“没世无言，享尽父兄慈爱福；盖棺何恨，曾经沧海壮游身。”只起首四字，已足令他人搁笔。

题学塾联

呼吸一去，千载无我；

困勉以求，三代之英。

【注释】

困勉：刻苦勤奋。《明史·刘文敏传》："学者当循本心之明，时见己过，刮磨砥砺，以融气禀，绝外诱，征诸伦理、事物之实，无一不慊于心，而后为圣门正学，非困勉不可得入也。高谈虚悟，炫末离本，非德之贼乎？"儒家陆陇其著有《四书讲义困勉录》三十七卷，《续困勉录》六卷，见《四库全书总目》。困勉是个晚出词，乃凝练自儒家的困知勉行。《中庸》："或困而知之……或勉强而行之。"朱熹集注："困知勉行者，勇也。"王守仁《传习录》卷中："困知勉行，学者之事也。"困知勉行，克服困难以获得知识，努力实践以修养品德。

三代之英：《礼记·礼运》"孔子曰：'大道之行也，与三代之英，丘未之逮也，而有志焉。'"三代之英，或谓夏商周三代英异之主，或谓三代英贤之臣。

【解析】

伯子光绪四年（1878年）《戊寅日记》三月十三日："李二曲先生曰：'呼吸一去，千载无我。'危迫之言，闻者悚然。顾岂无知之人而自诿于才力之不逮，因而委心任运者。余乃申之曰：'困勉以求，三代之英。'书为塾联，以劝诸弟子。盖《尚书》多君臣惕厉之作，而《孟子》亦曰：'周公思兼三王，夜以继日。'余斯言或不为过云。"李二曲即李颙（1627—1705），字中孚，号二曲，学者称二曲先生，陕西盩厔（今周至）人。嘉庆时避帝讳，改"颙"作"容"。少时家贫自学，博涉经史，学宗陆王，康熙间在东南无锡、江阴及陕西富平、华阴等地讲学，学者颇众。地方官员荐隐逸，礼部荐博学鸿儒，皆坚辞不受，绝食以表决心。从此避居土室，反锁门户，除与顾炎武一见外，不与人往来。著有《四书反身录》《二曲集》等。《清史稿》卷四百八十有传。胡君复《古今联语汇选三集·杂题三》收录此联，作"范肯堂题友人书室联"。其《古今联语汇选四集·哀挽二》亦载移园挽陈子山联云："呼吸一去，千载无我，我辈即虚生，苍苍茫茫，知君从此逝矣；叱咤所加，举世非人，人间余后死，落落寞寞，谓予悲焉否耶？"可与伯子之联参看。

此集句成联，上比固佳，然施之学塾，稍觉突兀。

题川至庵之妙香轩

心清闻妙香，座上莲花成活相；

川学而至海，眼前流水证禅修。

【注释】

川至庵：南通狼山广教寺七房之一。康熙三十六年（1697年），狼山十一世祖冷山法师圆寂，广教寺演变为七房制的师徒脉传关系，七房即准提庵、白衣庵、川至庵（后改为鼎新庵）、梵行庵、福慧庵、福兴庵、法聚庵。

心清闻妙香：语出杜甫《大云寺赞公房四首》诗之三“灯影照无睡，心清闻妙香”。妙香，佛教谓殊妙的香气。《楞严经》卷五：“见诸比丘烧沉水香，香气寂然来入鼻中……尘气倏灭，妙香密圆。”

座上莲花：《钦定日下旧闻考》卷五十四载清世宗雍正皇帝御书柏林寺正殿联曰“座上莲花前后果，庭中柏子去来心”。佛座为莲花形。

川学而至海：王永彬《围炉夜话》“川学海而至海，故谋道者不可有止心；莠非苗而似苗，故穷理者不可无真见”。

【解析】

伯子光绪四年（1878年）《戊寅日记》三月十九日：“书联题川至庵之妙香轩云云，庵旧联多解‘川至’为‘江徙去’，特反用之。”

赠望海楼山僧

古人有买山而隐者；

和尚其出家之雄乎？

【注释】

望海楼：在狼山。见光绪《通州直隶州志》卷二《山川志·山》。

买山而隐：刘义庆《世说新语·排调》“支道林因人就深公买印山，深公答曰：‘未闻巢由买山而隐。’”后世遂以买山比喻贤士的退隐。

和尚其出家之雄乎：裴休《唐故左街僧录内供奉三教谈论引驾大德安国寺上座赐紫方袍大达法师玄秘塔碑铭并序》“玄秘塔者，大法师端甫灵骨之所归也。於戏！为丈夫者，在家则张仁义礼乐，辅天子以扶世导俗，出家则运慈悲定慧，佐如来以阐教利生，舍此无以为丈夫也，背此无以为达道也，和尚其出家之雄乎”。

【解析】

伯子光绪四年（1878年）《戊寅日记》四月十三日：“望海楼赠山僧联云云。”

题通州寺街范宅厅堂

揽辔登车，一世澄清须满志；

读书观政，万家忧乐尽关心。

【注释】

揽辔登车：《后汉书·党锢列传·范滂传》“时冀州饥荒，盗贼群起，乃以滂为清诏使，案察之。滂登车揽辔，慨然有澄清天下之志”。刘义庆《世说新语·德行》载为陈蕃事。后以此典（揽辔登车，澄清天下）谓在乱世有革新政治、安定天下的抱负。

万家忧乐：化用范仲淹《岳阳楼记》“先天下之忧而忧，后天下之乐而乐”。《宋史·范仲淹传》：“仲淹初在制中，遗宰相书，极论天下事，他日为政，尽行其言。诸葛孔明草庐始见昭烈数语，生平事业备见于是。豪杰自知之审，类如是乎！考其当朝，虽不能久，然先忧后乐之志，海内固已信其有弘毅之器，足任斯责，使究其所欲为，岂让古人哉！”

【解析】

曹文麟《徂东杂录》之《范氏联语》条云：范肯堂先生为厅事联语云“揽辔登车，一世澄清须满志；读书闭户，万家忧乐尽关心”。

谨按：今厅事犹存，联语尚在，惟“闭户”作“观政”耳。

挽友

生为循吏，殁必有可传，亟宜记载；

少与齐名，老不复相见，是以悲伤。

【解析】

李澄宇《未晚楼联话》第三则：挽联演自挽歌，大抵一面悼逝，一面慰生。然有特就情谊致吊者，如范肯堂挽友云：“生为循吏，殁必有可传，亟宜记载；少与齐名，老不复相见，是以悲伤。”有专就言行立论者，如曾文正挽汤海秋云：“著书已数十万言，才未尽也；得谤遍九州四海，名亦随之。”有直掬肺腑，而伤悼之意却在言外者，如左文襄挽曾文正云：“谋国之忠，知人之明，自愧不如元辅；同心若金，攻错若石，相期无负平生。”有从大处落墨，不言哀而极哀者，如曾文正挽胡文忠云：“逋寇在吴中，是先帝与荩臣临终憾事；荐贤满天下，愿后人补我公未竟勋名。”李澄宇（1881—1955），字洞庭，湖南岳阳人。南社社员。初习陆军，旋归，致力于学。曾任中国大学国文教授、湖南省政府秘书长。著有《未晚楼全集》。吴恭亨《对联话》卷九《哀挽四》亦收录此联，惟“是以”作“是用”。然作陈兰甫挽某知县，并评谓“质直特可诵”。兰甫即番禺陈澧。

斯人谅无可记之事，于己亦无可忆之情，如此枯题，竟而妙手空空，巧为之说，绝不作寻常敷衍语。

挽陈筱山

惜哉乱世之奇才，使君偕湘淮诸将驰逐中原，□□□□，肘后黄金谁得似；

已矣人生之乐事，正我与江海劳人别离东道，漫天风雪，眼前白骨总堪哀。

【注释】

肘后黄金：刘克庄《贺新郎》“身畔无丝缕。但从前、练裳练帨，做他家主。甲子一周加二纪，兔走乌飞几度。赛孔子、如来三五（自注，徐陵云：“小如来五岁，多孔子三年”）。鹤发萧萧无可截，要一杯、留客惭陶母。门外草，欲迷路。朗吟白雪阳春句。待夫君、骊驹不至，鹊声还误。老去聊攀莱子例，倒著斑衣戏舞。记田舍、火炉头语。肘后黄金腰下印，有高堂、未敢将身许。且扇枕，莫倚柱”。张可久《梧叶儿·感旧》：“肘后黄金印，樽前白玉卮，跃马少年时。巧手穿杨叶，新声付柳枝，信笔和梅诗，谁换却何郎鬓丝？”

【汇评】

王锡韩：陈筱山，名金榜，海门武生也。性好客，所结纳多知名士。以某年冬卒。时范肯堂先生适在海门，送周彦升赴高丽戎幕，闻讣，挽以联曰：“惜哉乱世之奇才，使君偕湘淮诸将驰逐中原，□□□□，肘后黄金谁得似；已矣人生之乐事，正我与江海劳人别离东道，漫天风雪，眼前白骨总堪哀。”

赠三公和尚

老去烟霞忘色相；

定中山水发清音。

【解析】

民国莲池书社刊行《吴门弟子集》卷十二李光炯《登狼山塔次仲丈原韵》诗云："岧嶤一塔压飞狼，矫首云端望八荒。微雨平添山影绿，大江半挟海涛黄。销沉霸气余新邑，寂寞诗人有断章。（塔下僧院有范伯子赠三公和尚联，联云：'老去烟霞忘色相，定中山水发清音。'后署铜士范铸，是伯子少时名字）欲问空王兴废理，荆凡前路总茫茫。"李光炯（1870—1941），名德膏，号晦庐，安徽桐城人。光绪二十三年（1897年）举人，吴汝纶讲学保定莲池书院，光炯负笈从师，学业益进。光绪二十八年（1902年），曾随汝纶赴日本考察学制，回国后力助汝纶创办桐城中学堂。曾任安徽第一师范学校校长。著有《晦庐遗稿》三卷、《阮嗣宗诗注》、《屈赋税》等。

挽张謇之母

昔哭母在故乡，今哭母在他方，生不知何孽而重罹斯酷，握手临歧，送尔天涯扶病去；

君归葬已有时，吾归葬未有期，子无贤不肖而皆受其亲，买山负土，望渠海上寄书来。

【注释】

握手临歧：执手而别。郑光祖《倩女离魂》第三折："自执手临歧，空留下这场憔悴，想人生最苦别离。"

负土："负土成坟"之省。《晋书·许孜传》："俄而二亲没，柴毁骨立，杖而能起，建墓于县之东山，躬自负土，不受乡人之助。"负土成坟，背土筑坟，古代认为是一种孝义的行为。《后汉书·桓荣传》："会朱普卒，荣奔丧九江，负土成坟。"

【解析】

联见《张謇联集》所附。

挽徐少庵

暂与君以容膝之安，不逾岁乃遽作古人，心许何曾酬百一；

观令子有割肱之美，继自今请代为严父，学成安得更寻常。

【注释】

容膝之安：《韩诗外传》卷九“今如结驷列骑，所安不过容膝；食方丈于前，所甘不过一肉。以容膝之安，一肉之味，而殉楚国之忧，其可乎？”陶渊明《归去来兮辞》：“倚南窗以寄傲，审容膝之易安。”容膝，仅能容纳双膝，多形容容身之地狭小。

割肱：犹割股，旧时有自割股肉以供君亲食用之说，古人认为这是大忠大孝的表现。《庄子·盗跖》：“介子推至忠也，自割其股以食文公。”此为割股奉君之饥。《旧唐书·王友贞传》：“友贞弱冠时，母病笃，医言唯啖人肉乃差。友贞独念无可求治，乃割股肉以饴亲，母病寻差。则天闻之，令就其家验问，特加旌表。”这是割股奉亲之疾。后世愚民孝子多仿效之，朝廷亦多加以旌表。至宋盛极一时，《宋史》之《张奎传》《赵德恭传》《蒋偕传》《张掞传》《萧服传》《刘甲传》《伊审徵传》等均有记载，《呼延赞传》甚至载“其子尝病，赞封股为羹疗之”。至明代洪武末年（1368年），山东日照发生愚民江伯儿以母病杀其三岁子祀岱岳事。礼部尚书任亨泰议曰：“人子事亲，居则致其敬，养则致其乐，有疾则医药吁祷，迫切之情，人子所得为也。至卧冰割股，上古未闻。倘父母止有一子，或割肝而丧生，或卧冰而致死，使父母无依，宗祀永绝，反为不孝之大。皆由愚昧之徒，尚诡异，骇愚俗，希旌表，规避里徭。割股不已，至于割肝，割肝不已，至于杀子。违道伤生，莫此为甚。自今父母有疾，疗治罔功，不得已而卧冰割股，亦听其所为，不在旌表例。”割股陋俗才得到有效控制。

【解析】

此联以“寻常”对“百一”，乃出自杜甫“酒债寻常行处有，人生七十古来稀”（《曲江二首》之二）。前人联语亦有用之者，如道光时刑部郎中江苏甘泉黄奭寿江西彭邦畴六十联云：“诗集擅千秋，宰相祖风开八百；易堂宗九子，翰林乡望迈寻常。”（见《楹联续话》卷四）黄氏精杜诗，有《存悔斋集杜诗注》。

【汇评】

王锡韩：徐少庵，吾通富家子也，范荫堂封翁穷困时，其先人尝顾恤之。至少庵，不善家人生产，产乃尽绝。封翁临殁时，遗命肯堂兄弟谋所以报德者。封翁死，先生延少庵居其家，一年而病卒。其子雨春，割肱血盈衫袂。先生痛爱之，亲教之读。而挽少庵以联曰：“暂与君以容膝之安，不逾岁乃遽作古人，心许何曾酬百一；观令子有割肱之美，继自今请代为严父，学成安得更寻常。”雨春，名溥泰，始学贾，自先生授以书，乃专力于学，后复东游日本，卒业于某陆军学校，归授武职焉。

贺徐贯恂娶妇联

语云百顺谓之福；

子为重亲致其欢。

【注释】

徐贯恂：徐鋆（1885—1936），字贯恂，一字冠群，号澹庐，一号紫琅山民，江苏南通人。藏书家，金石学家。年十八，补博士弟子员。试用知县。入民国，供职于交通部、浙江财政厅、陇秦豫海铁路总公司等处。壮岁辞官，潜心著述，尤耽金石之学，收藏甚富。著有《碧春词》《黄山吟》《澹庐楹联》《澹庐诗余》《读画诗》等，辑有《崇川词证》。

语云百顺谓之福：化用《礼记·祭统》“备者，百顺之名也，无所不顺者之谓备”。张载《正蒙·至当》：“至当之谓德，百顺之谓福。”

重亲：俗所谓亲上加亲。

【解析】

胡君复《古今联语汇选补编·庆贺二》选有此联。

【汇评】

周曾锦：同学徐贯恂，号澹庐，年十二，即以工书善诗名。所作词曰《碧春词》，曰《蝇须馆诗余》，清新可传。归安朱古微侍郎称其词自壬子后，一洗粉泽之态，与东坡、后村二家为近，可谓善变。云间杨古酝大令，和《满江红》题其集，有“如此清才供跌宕，尽堪游戏人间世，拨海涛、北向望伊人，苍茫里”等语，其为词场耆宿奖许，有如此者。

贺通州同顺药店开业

同仁济群生，丹成九转；

顺利经妙手，市胜三都。

【注释】

丹成九转：道教谓丹的炼制有一至九转之别，而以九转为贵。葛洪《抱朴子·金丹》：“九转之丹服之，三日得仙。”

【解析】

作品书法原藏南通叶氏，今归范曾先生。上款题“同顺宝栈骏发”，下款署“弟范当世书贺”。

挽徐子文之母

吾友称嫂氏不容于辞，糠核无饥，七诫真闻叔誉己；

太君有贤郎实秉其训，菜羹能饱，一生未欲婿求人。

【注释】

糠核无饥：《史记》卷五十六《陈丞相世家》“（陈平）少时家贫，好读书，有田三十亩，独与兄伯居。伯常耕田，纵平使游学。平为人长美色，人或谓陈平曰：‘贫何食而肥若是？’其嫂嫉平之不视家生产，曰：‘亦食糠核耳！有叔如此，不如无有！’伯闻之，逐其妇而弃之”。核，麦糠中没有磨碎的麦壳。伯子联中乃反用此典，倍觉尖新。

七诫：班昭所撰《女诫》的别称。《女诫》共分《卑弱》《夫妇》《敬慎》《妇行》《专心》《曲从》《和叔妹》七篇，故又得名“七诫”。它集中阐述了中国封建社会妇女“三从四德”的道德标准，一度成为古代女子教育课本。王十朋《梅溪前集》卷十六《回钱氏送定》：“令嗣名著贤关，何止通一经之学；某女幼传姆训，仅能诵七诫之篇。”周麟之《海陵集》卷二《胡夫人挽诗》：“敛身遵七诫，弹指悟三空。”

菜羹能饱：化用《孟子·万章下》“晋平公之于亥唐也，入云则入，坐云则坐，食云则食；虽蔬食菜羹，未尝不饱，盖不敢不饱也”。

【解析】

胡君复《古今联语汇选四集·哀挽七》选有此联。

挽达品三母

少时同公子文游，再拜瞻依，最服清堂能守礼；

吊日话家人琐事，百般况瘁，依然老境未回甘。

【注释】

达品三：毕业于南菁书院，江苏南通历史学家达少楠之父。

瞻依：瞻仰依恃。表示对尊长的敬意。语出《诗经·小雅·小弁》："靡瞻匪父，靡依匪母。"

清堂：高大敞亮的堂屋。

老境回甘：比喻人的晚景美好。《晋书·文苑·顾恺之》："恺之每食甘蔗，恒自尾至本。人或怪之，云：'渐入佳境！'"后世因以"蔗尾""蔗境回甘"比喻先苦后乐，有后福。周紫芝《太仓稊米集》卷二十七《次韵伯远食杨梅十五韵》："回甘似蔗境，嚼齿余诗酸。""回甘"又是橄榄典故。陈栎《定宇集》卷十六《四用易巾韵》："先苦半生真食蓼，回甘晚景异尝茶。"

【解析】

胡君复《古今联语汇选四集·哀挽七》选有此联。

挽袁焕新

百感伤心，子死焉知非幸福；

一贫见骨，他生莫再作文人。

【注释】

袁焕新：生平不详，疑为名不见经传之穷儒。

【解析】

胡君复《古今联语汇选补编·哀挽一》选有此联。

其人既无可称颂，则不妨借题发挥，悲悯中有大感慨在。“子死、他生”无情得妙。

挽沈廉溪

我曾王父忘年友，落落惟公，诣门称通家生，杯酒欢情论四世；

彼都人士万民望，堂堂作古，援例执弟子礼，束刍哀感付千秋。

【注释】

沈廉溪：江苏如皋白蒲镇人。光绪二年（1876年），伯子因顾延卿介绍而得以谒见沈廉溪。先生《集外文·上徐石渔先生书》云：“沈廉溪先生，西方百里之望也。吾以丙子过吾友顾延卿如皋，延卿为绍介以见先生。”

曾王父：曾祖父。

【解析】

胡君复《古今联语汇选补编·哀挽一》选有此联。

挽徐椒岑

索居则有几杖丹铅之慕，合处则纵管弦丝竹之娱，谋生路穷，最痛前年白门柳；

作客不得曾胡左彭之欢，为文不争方刘姚吴之誉，忧时泪尽，岂宜重读黑龙江。

原注：公著有《黑龙江述略》。

【注释】

徐椒岑：徐宗亮（1828—1904），字晦甫，号归庐，晚号椒岑，安徽桐城人。荫生，世袭骑都尉，精悍有辨才，每论事，辄伏其坐人。历游胡林翼、李鸿章幕府数十年，以文章议论显名公卿间。与张裕钊、吴汝纶友善，以文字相切磋，其为文雄健有法度，著有《善思斋诗文钞》二十二卷、《归庐谈往录》二卷、《黑龙江述略》六卷等。徐宗亮是伯子内弟姚永概的岳丈，故亦属先生姻亲长辈。姚永概《徐椒岑先生墓志铭》："君讳宗亮……光绪甲辰七月某日卒于里。"（《慎宜轩文》卷九）

白门柳：李白《新林浦阻风寄友人》诗"今朝白门柳，夹道垂青丝。岁物忽如此，我来定几时？纷纷江上雪，草草客中悲。明发新林浦，空吟谢朓诗"。又《金陵酒肆留别》诗："白门柳花满店香，吴姬压酒唤客尝。金陵子弟来相送，欲行不行各尽觞。请君问取东流水，别意与之谁短长？"自此"白门柳"成为送别之典。白门，六朝皆都建康（今南京市），其正南门为宣阳门，俗称白门。

曾胡左彭：谓曾国藩、胡林翼、左宗棠、彭玉麟。据今人尚小明编著的《清代士人游幕表》可知，徐宗亮曾先后入湖北巡抚胡林翼、李续宜，两江总督曾国藩，安徽巡抚英翰，湖广总督李鸿章，江苏巡抚张树声，黑龙江将军恭镗等人幕府，未曾登左、彭之帐。

方刘姚吴：谓安徽桐城著名文人方苞、刘大櫆、姚鼐、吴汝纶。

【解析】

胡君复《古今联语汇选》选有此联。另录姚永概挽徐联云：“公器我在儿童嬉戏之年，素愿到今皆已矣；我哭公值身世苍茫之际，神州如此更何之。”及其自挽联云：“功名财帛，儿孙了不我与；山水友朋，文字都结天缘。”

赠李诚甫

吾自天南至天北；

却因良相见良医。

【注释】

李诚甫：名沐仁，河北任丘人。父李铎，精通医术，诚甫幼承家学，长游四方，曾入李鸿章幕府，与盛宣怀、张佩纶等权贵名流多有交往。光绪末年（1908年）卒，享年七十岁，吴恺生为其撰墓志铭。四子二女，长女嫁武强贺葆真。

天南天北：天南指南通，范当世故乡。天北指天津，李鸿章任直隶总督、北洋通商大臣时，在天津三口通商衙门办公。

良相良医：俗语云“不为良相，便为良医”，传为范仲淹语。吴曾《能改斋漫录》卷十三“文正公愿为良医”条：范文正公微时，尝诣灵祠求祷，曰：“他时得位相乎？”不许。复祷之曰：“不然，愿为良医。”亦不许。既而叹曰：“夫不能利泽生民，非大丈夫平生之志。”他日，有人谓公曰：“大丈夫之志于相，理则当然。良医之技，君何愿焉？无乃失于卑耶？”公曰：“嗟乎！岂为是哉？古人有云：‘常善救人，故无弃人；常善救物，故无弃物。’且大丈夫之于学也，固欲遇神圣之君，得行其道。思天下匹夫匹妇有不被其泽者，若己推而内之沟中。能及小大生民者，固惟相为然。既不可得矣，夫能行救人利物之心者，莫如良医。果能为良医也，上以疗君亲之疾，下以救贫民之厄，中以保身长年。在下而能及小大生民者，舍夫良医，则未之有也。”

【解析】

贺培新，字孔才，号天游，贺葆真之侄，著有《天游室杂著》，连载于《天津民国日报·文艺版》，上文即其中一篇，题为《题李润生医室》。发表于1946年6月17日。光绪十五年（1889年）、十六年（1890年），范伯子大病几死，光绪十七年（1891年）二月，受吴汝纶电邀赴津，为李鸿章课子，赠联或作于此年。

此联一改拗峭雄健之风，似信手拈来，径以律句为之。流水作对，顺畅自然，复用重字，尤觉回环顿挫。如武士营中，施施然遇一布衫书生，伯子集内，实不多见。

【汇评】

贺培新：润生先生，任丘李氏。先世多名医，有诚甫、恩甫二先生者，并为先生世父，最享盛名于北方。诚甫先生受知于合肥李相国，李公有疾，辄就先生，不假他人。南通范肯堂先生，晚清诗杰也。及北来，主李公幕，尝有疾累年不瘳，问医于公。公举诚甫，遂应手而效。范公因书联赠之云："吾自天南至天北；却因良相见良医。"恩甫先生问世较晚，声名藉甚津沽间。性孤介，不随流俗。方剂主简，以为非简不能得轻灵之妙用。主培元气，补罅漏，使其病自愈。不主攻伐，动此伤彼。其说至通至当。然流俗医家务取悦于人者，不能喻也。先生受法于恩甫先生，能尽得其精髓。问世近二十年，救败于垂危，活人于无形。余惧世之感于流俗就医而反为害也，因略述原委，阐而扬之，俾踵门者省览焉。

附录

附录一　范当世年谱简编

咸丰四年甲寅（1854年）一岁

七月初四寅时，出生于通州四步井老宅。时祖父范持信六十二岁，先祖母金氏、继祖母徐氏均已去世，父亲范如松二十八岁，母亲成氏二十五岁。

咸丰六年丙辰（1856年）三岁

七月，二弟范钟生。

咸丰十一年辛酉（1861年）八岁

十月，三弟范铠生。

同治三年甲子（1864年）十一岁

始受业于同邑塾师王兆榛。

同治四年乙丑（1865年）十二岁

祖父范持信病殁，享年七十三岁。

同治六年丁卯（1867年）十四岁

出应童子试，从邑人冯运昌为文会，始从邑人顾金标问学。

同治七年戊辰（1868年）十五岁

四月，应州试，取第二名。

十月，应院试，落榜。

同治八年己巳（1869年）十六岁

州试第一。与顾锡爵、顾锡祥、陈国璋等为友，与顾曾焕、曾灿兄弟交。

同治九年庚午（1870年）十七岁

六月，科试以三十一名入学。与达寿增、姚熙、李安同案为友，因始识静海李芸晖。

七月，先生赴江南乡试，不中。

孟秋，造同州吴芨庵，下聘。

同治十年辛未（1871年）十八岁

补廪，结交张謇兄弟。

同治十一年壬申（1872年）十九岁

娶吴氏，乳名唤作大桥，时年二十三岁。

同治十二年癸酉（1873年）二十岁

始闻刘熙载于顾延卿，亟欲一行拜谒，而延卿劝阻之。始攻读书史。

同治十三年甲戌（1874年）二十一岁

正月二十日，访张謇，与之联床话雨。二十五日，张謇来通，先生设菜羹豆豉待之，并订游山之约。二十六日，与张謇乘马游五山，赏川至庵、准提庵、支云塔、黄泥山、新绿轩等景致。晚归，与张谈旧事，慷慨激昂，几于泪下。

二月十四日，与张謇共访同邑孙芝亭，与孙词锋风发，互相争讼，张謇为持平之。

七月二十五日，长子范罕生。

十月，岁试，列三等。

光绪元年乙亥（1875年）二十二岁

七月，为乡试赴省城江宁。

八月，参加本年恩科乡试，不中。

本月，清廷派郭嵩焘为出使英国钦差大臣，是为中国正式派遣常驻各国公使之始。

十一月二十四日，往海门登门造访张謇及其封翁张彭年，审定张謇诗草，并出日记及时艺请张謇点窜。欢聚五日乃去。

是年，先生曾赴葭埭顾延卿之招，并因张謇介绍谒见徐石渔。

光绪二年丙子（1876年）二十三岁

四月，应科试。张謇来访。

七月，至江宁赴岁试，得与张謇等友人相会。

九月，长女鞠生。

是年，因顾延卿介绍而谒见沈廉溪。

光绪三年丁丑（1877年）二十四岁

正月九日，先生往海门祝张謇之父生日，并与顾延卿等人谈诗。十三日方回。

二月，先生就欧家坊马次垣、江德纯两家合请，为其教子。

九月八日，先生自欧家坊返家。适张謇来访，遂偕张过顾绮岚。

十二月，张謇访先生于通州，同诣顾曾烜。

是年，发读并整理山茨藏本历代先人诗稿。

光绪四年戊寅（1878年）二十五岁

正月二十日，至如皋。二十三日，与顾延卿起程乘船前往江西兴化，拜谒刘熙载，舟中联句。二十五日，至兴化，以弟子礼贽见刘熙载，上所为文数十篇。刘熙载招饭，赐《持志塾言》《艺概》《昨非集》等书。逗留两日而返。

二月九日，至欧家坊马氏馆开学。十二日，至白蒲，吊沈锽。

三月二日，与弟侍父祭墓。十八日，回家。侍父及吴外舅游狼山、马鞍山、黄泥山、军山、水心亭等处。

四月四日，同葛青伯，顾延卿，钟、铠两弟等人宴于望海楼。三十日，将名己诗集曰《彦牖集》，是为先生之诗第一次结集。

春末夏初，携弟铠读书养病于黄泥山之新绿轩，初冬返家。

七月，至浦口，过张謇。

十一月初，访顾延卿。十日，访张謇，为其母寿作征文启，并为寿稿。在张謇处结识王豫熙、杨子青。十四日同王欣甫、杨子青同赴海门，为贺张謇母亲生日。二十一日，与众人别，送王欣甫河上。

是年冬，先生为筹措双亲生辰，而四处征文。

光绪五年己卯（1879年）二十六岁

正月，母亲五十寿辰、父亲五十三寿辰，诸友来贺。寿觞罢，侍父与马毓鋆、顾曾烜、周源灏饮于西山，遂游马鞍山、狼山。

二月，顾延卿之母邀成夫人共游狼山，先生随侍。

四月，先生往海门访张謇。盘桓两日而后返。

七月，赴江宁，参加会考。

八月，乡试不第。谒刘熙载于上海龙门书院。

十一月十二日，以张謇之母金太夫人病危赴海门。十四日回。十八日，张母卒。二十一日，复至海门吊孝。

冬，客海门，与王欣甫、刘馥畴、黄君俭、杨子青、张謇作消寒会。

光绪六年庚辰（1880年）二十七岁

正月十八日，张謇家治丧，开吊。与二弟范钟赴海门吊张母金太孺人。

本月，先生为程遵道刺史校士泰州。

三月十八日，张謇回浦口军幕，过通州诣先生。先生与朱铭盘遂同行。十九日，与张謇乘船同至欧家坊塾馆。二十日，与张謇、朱铭盘舟行联句，倒押五物全韵。行至东城宿。二十一日，过如皋，看陈子瓛所藏《元祐党人碑》、诸葛忠武画像，与张、朱复有《诸葛忠武画像联句》。二十二日，宿冯甸。二十四日，至扬州。二十五日，宿华子口。二十六日，至浦口军营，识江西彭汝朩。

本月，次子况生。

四月初一，与张謇、朱铭盘过江，至江宁。三日，赴扬州，与张裕钊同行。四日，陪侍张裕钊游平山堂。同游者为张謇、彭芾亭。

七月，同朱铭盘谒张裕钊于南京凤池书院，问为文之法。

八月初，再至浦口，二十一日，自江浦归，闻受业师王兆榛母陈太孺人之丧，方病，明日乃往哭。

是年，顾曾焕卒，撰挽联云："同郡交欢，末光幸附高阳里；盖棺论定，完行初刊有道碑。"

光绪七年辛巳（1881年）二十八岁

二月，刘熙载卒于家，享年六十九岁。

三月，与顾延卿闻讯走哭之。

六月，至上海，祭刘熙载于龙门书院；识袁昶。

七月，谒张裕钊于凤池书院，识同宗武昌范志熙。

光绪八年壬午（1882年）二十九岁

正月二十四日，与二弟仲林一同跟从学政黄体芳巡省科试随棚阅卷。

春夏间，曾至上海，遇乡友张攀桂，流连十昼夜。

秋，应乡试，至金陵，居于伍氏别墅，识李佛笙。又谒学政黄体芳，并识王彦威。

光绪九年癸未（1883年）三十岁

二月二十九日，马勿庵五十生辰，同人咸集。先生亦与焉。

四月五日，先生受业师顾金标卒，享年七十二岁。

四月二十二日至上海，二十八日乘船前往湖北任通志局事。二十九日，元配夫人吴氏卒，年仅三十四岁。至通志局后，最初负责修撰《列女志》，因识与事蔡金台、柯逢时、周伯敬诸公及甫弱冠之万中立。不久，闻丧归里。回通后有挽联云："又不是新婚、垂老、无家，如何利重离轻，万古苍茫为此别；且休谈过去、未来、现在，但愿魂凝魄固，一朝欢喜博同归。"

秋，复至湖北，馆于江夏。

十二月，归里度岁。

光绪十年甲申（1884年）三十一岁

正月，复至武昌。

年底，归里度岁。

光绪十一年乙酉（1885年）三十二岁

正月十五日，先生往顾埭，与顾延卿、张謇、王欣甫、陈子瓛、刘景星等聚谈。

三月，应吴汝纶之聘启程赴冀州。吴汝纶本欲委以书院山长，因谤而止。

四月九日，于吴汝纶席上识信都书院山长王树柟。

七月五日，携吴汝纶为荫堂封翁所作寿序南归，盖以明年封翁六十大寿也。

九月，应江南乡试，不中。

十一月，再至冀州，武邑令郑骧正式聘先生为观津书院山长。

冬，与吴汝纶同赴保定看望张裕钊。

是年，先生挚友马勿庵卒。先生作有挽联："舆论何凭？君匪但能廉，亦越诸公好名者；交情可叹！我未尝不义，已成天下负心人。"

是年，先生挚友张攀桂卒。

光绪十二年丙戌（1886年）三十三岁

正月十五日，荫堂封翁松六十寿辰。先生兄弟为封翁举寿觞。

春，至武邑观津书院。

十月，由冀州南归。

光绪十三年丁亥（1887年）三十四岁

四月，三至冀州，主武邑观津书院。此时书院增修完毕，先生有代郑大令骧武邑观津书院联云："自来学校以书院辅之，如今比屋东西，稍有欢颜在风雨；吾为父兄望子弟成耳，此后一官南北，还将老眼看云霄。"

是年，贺松坡自大名至冀州，任信都书院山长。先生始与之交。

光绪十四年戊子（1888年）三十五岁

五月，先生至交张颉辅及故人李佛笙之子嘉璧同时来冀州。

六月十五日，先生与吴汝纶、姚为霖、张采南乘兴登冀州西城楼玩月赋诗。

八月，应江南乡试，不中，遂绝意仕途，不再入场。

十月，就婚安福。

光绪十五年己丑（1889年）三十六岁

正月初，与姚蕴素结婚。姚夫人时年二十六岁。

三月，患病。

五月，病情加重。

六月初，病甚，遂凄然孤身返里，以图还葬。

七月，养病于东邻天宁寺。

光绪十六年庚寅（1890年）三十七岁

秋，病情再次反复。

九月，以未愈之身前往安福，旨在迎接姚夫人回通娱亲。

十月，过九江，晤熊香海、蔡燕生，香海以所著《论诗杂咏》赠先生，先生亦以近作诗文赠阅，并同游甘棠湖。

十月，抵安福。

十二月，吴汝纶电约明年赴天津为李鸿章课子。

光绪十七年辛卯（1891年）三十八岁

正月上旬，携姚夫人还里。

二月二十日，晤张謇于家，同晤者姚永朴。

二月末，至天津，课李鸿章次子经迈，李、范宾主融洽，甚是相得。

是年，识张佩纶、于式枚。

光绪十八年壬辰（1892年）三十九岁

正月初五，李鸿章七十寿辰，撰联寿："环瀛海大九州，钦相国异人，何待子瞻说威德；登泰山小天下，藉通家上谒，方今文举足平生。"

二月二十二日，先生之友王尢以庶常应散馆试由南通经沪来津，二十九日遂以病卒，先生与同乡戴祥元合力经纪其丧事，并归其柩。

五月十五日、十六日，张謇会试落第回通途经天津，先生往见。

本月，李鸿章夫人赵氏卒，享年五十六岁。有联挽之："上有宫中圣母定卅年元老之勋，下有夫人赞金瓯相业；昔为江左部民观百两于归之盛，今为幕士播彤管徽音。"

六月十一日，先生受业恩师顾修定之妻王恭人卒于南通。

闰六月二十二日，寄挽顾师母联语回通。联云："贱子无似，德少而辞多，只与郎君同学同志，得母之矜怜，已矣平生，弗俟遭丧犹下泪；大兄有言，亲亡则身老，莫知人间何世何年，于我乎萧瑟，哀哉此语，孰能处变不伤心。"

九月，贺松坡来会。

是年，识李鸿章孙婿杨圻。时杨新婚，客津门妻祖相国公府中。

光绪十九年癸巳（1893年）四十岁

五月六日，康有途经天津，来拜谒。

十一月十八日，挚友朱铭盘病逝于旅顺张光前军幕，享年四十二岁。

光绪二十年甲午（1894年）四十一岁

正月十六日，张裕钊卒于陕西。

四月十六日，先生辑成《通州范氏诗钞》。

六月十九日，薛福成卒于上海，有联挽之："辛苦九州还，身未趋朝魂恋阙；安危一疏在，生当致主死成名。"

九月十七日，张謇之父张彭年卒，撰代挽张老伯联："城东有佳宅，约先生于此终焉，嗟我何劳，仍各幽冥难聚首；塞北无好音，问儿子归来未也，与君同病，不论显晦总伤心。"

十一月，以嫁女省亲为名偕姚夫人离津，送长女孝嫦去江夏湖北按察使署适陈衡恪，时范孝嫦十九岁，陈衡恪亦十九岁。

岁暮，与夫人东归通州。

是年，先生纳赀为光禄寺署正。

光绪二十一年乙未（1895年）四十二岁

四月二十日，长子范罕婚娶桐城马氏。

十二月，应张之洞之招至江宁，得以会晤湖北通志局故友柯逢时。

岁暮，归里。

光绪二十二年丙申（1896年）四十三岁

插秧时节与姚夫人登狼山。

是年，范罕肄业南菁书院。

光绪二十三年丁酉（1897年）四十四岁

二月，姚永楷卒。有联挽之："我为妻兄事，君亦视我如兄，往复绸缪，骨肉奇欢真有此；人谓子德优，孰肯怜人以德，死生寂寞，肺肠纯笃抑何为？"

本月，应刺史陆笔城之招至泰州，为其考校州试。

八月三日，与顾延卿赴张謇之约。

是年，三弟铠得拔贡。

光绪二十四年戊戌（1898年）四十五岁

重九，登广州白云山。

十二月，自广州还至上海，十七日，抵家。二十五日，荫堂封翁病卒，享年七十二岁。

是年，子况入州学。

光绪二十五年己亥（1899年）四十六岁

三月三十日，葬父于城东耕阳阡祖茔。

八月，去广东，不果行，遂滞留上海，居王欣甫署中。

十一月二十一日，同张謇回南通同看大成沙坝，登狼山，宿望海楼。二十二日，复游狼山观塔。二十六日，查勘保安沙后还至上海。

十二月，在沈瑜庆席上结识林纾。

是年，孙范子愚生。

是年，李瀚章卒，有挽联曰："与曾左胡骆百战成功，比投老家园，浸灌滋培，还使门闾气充固；历道咸同光四朝全盛，迄考终里第，伤亡殄瘁，顿教天地色凄凉。"

是年，顾曾灿卒于京师，有联挽之云："从束发为兄弟至今，属纩不知思我否；纵苦心求仕宦何益，请缨当更待儿曹。"又云："于弟应极痛，父丧间之，今日抚棺才一哭；教儿使长成，兄行在也，异时勒石与千春。"

光绪二十六年庚子（1900年）四十七岁

二月二十九日，岳丈姚浚昌卒于湖北竹山县署，享年六十有八。有联挽之："我之今日亦何恨能加，惟有牵连并哭耳；公在人间更无缘遭妒，奚为委曲以死乎？"

三月，自上海回里。

四月，江潜之来通任职，随即与先生契合为友。

五月，女孝嫦因病殁于江宁，年仅二十五岁。

六月中旬，偕姚夫人往桐城吊岳丈姚浚昌之丧。在桐城，见马其昶。

七月三十日，故友万星涛之母卒，挽之曰："江汉间论世德推太夫人焉，岂惟巩固宗基，乃有风声施郡国；苏宁中数才贤及次公子矣，正倚勤襄世难，顿闻雪涕返乡关。"又代姚夫人挽之："叨宴六年前，恃爱菅腾，甘橘余香犹可忆；闻丧千里外，怀风怅望，生刍微意莫能将。"

八月三日，晤张謇、顾延卿、李磐硕。十二日夜，乘车至上海港，专为拜谒即将北上的李鸿章。

闰八月初九，至江西新建吊陈宝箴。又作联挽长女孝嫦："比之二祖，轻若鸿毛，亦使肝肠不可忍；望汝一归，艰于马角，岂其魂魄又能飞。"

九月中旬，返至扬州。在扬州，造访通志局故友盐运使柯逊庵，欲谋事做，柯答应聘先生修纂《盐法志》，酬以润笔三千金。然不久，柯逊庵升迁而去，修书之事化为乌有。又访旧识王义门，旋即失盗，先生为陈宝箴作墓志铭之润笔被洗劫一空。

九月二十九日，李草堂卒于家。

十月，乘船经上海回通，至吕四场，吊李磐硕之父李草堂，挽之以联："学道有涯，安心是药；酒阑人散，云卧天行。"

十一月二十五日，乡人孙锡恩卒于家，有挽联云："于吾州相处只六七人，可怜岁岁凋伤，不复欢言到春酒；去先君之亡恰廿四月，正尔朝朝悲恸，更感急泪洒冰天。"

十二月，岳丈吴茇庵卒，偕姚夫人往吊，有联挽之："老吾见其孝，幼吾见其慈，搔首问天，历历平生多少事？子则未能收，婿则未能诀，含悲入地，茫茫后顾属何人？"

光绪二十七年辛丑（1901年）四十八岁

正月十一日，何嗣焜卒于上海，有联挽之："隔海未闻凶，温语犹传数行至；登山长不乐，淡交多此一番游。"

三月，纷传长江上自芜湖下至京口，江水清澈，乃自南通乘船北上，行至镇江，目睹，始信。过京口，遇杨圻。三月末，至淮安沈瑜庆淮扬道署为葬父谋款，复向新任运使程仪洛商议修纂《盐法志》，未果。旋接通州汪树堂来电，聘请回通掌教东渐书院。

四月二十日，启程归。抵通，献联挽孙穆如："严事吾亲三十年，丱角论交，敬任袁丝呼作弟；才去家乡一千里，皋比遽撤，愧从张载继为师。"并继其入主书院。

七月八日，朱辑斋五十大寿，以联寿之："先我两年，后我四日；送君千里，愿君百康。"

九月二十七日，李鸿章卒于北京贤良寺，以联挽之曰："贱子于人间利钝得失渺不相关，独与公情亲数年，见为老书生穷翰林而已；国史遇大臣功罪是非向无论断，有吾皇褒忠一字，传俾内诸夏外四裔知之。"

本月，早岁受业师王景周之子王烈卒，有联挽之："交吻救频危，竟不回身怜汝母；痛心思昔爱，更堪挥泪说吾师。"昔日忘年文友冯运昌又卒，并有联语挽之："吾幼年已能自结交，吾所交诸忘年者实始于先生，最怜嫂氏贤明，一饭恩私难比数；君昔日则亟于望子，君之子至今日而力崇其死父，都与寒家系属，百般辛苦有齐同。"

十一月十五日，送弟钟至河南起复。

十二月初二，二弟抵达清江浦，寓沈爱沧淮扬道署。六日，谒陈夔龙漕帅。十三日晚，乘船回通。

岁暮，至泰兴，访罗敬之。

光绪二十八年壬寅（1902年）四十九岁

春，至泰兴参观小学堂。

四月，与汪树堂、王梦湘、江云龙等人登狼山。

本月，友人刘揖青自海门携其女秋水来投，先生盛情安置。

五月十五日，与陈敬夫、李磐硕、张謇等同相度延寿阁，规划小学校地。

六月，通州大疫，百姓多病死。

七月初六，六叔染疫病故，挽以联云："先君同气七人，爱护未能，凋丧若此；犹子入官屡载，尊荣且至，奄忽胡为？"

八月初四，去江宁，护送范罕等人乡试。

八月十五中秋，在江宁同陈三立赏月复成桥、四象桥。在江宁，邀陈三立、蒯礼卿、何诗孙、志仲鲁、曾泳舟、俞恪士、薛次申为陶榘林作五十寿。

九月初五，自江宁返家。九日，与王梦湘、汪剑星、江潜之携酒肴登狼山，祭王伯唐，还至望海楼。

十月，复返江宁。冬至前，送陈三立回江西省墓。在江宁与刘世珩、梁公约、柳诒徵、李详等人交往。

是年冬，获会办江楚译书局差事。

光绪二十九年癸卯（1903年）五十岁

正月十二日，吴汝纶卒于桐城，先生事后有挽联云：“君今安往乎，吾末之也已；无不善画者，莫能图何哉？”

二月二十二日，与姚夫人共同启程赴桐城，吊吴汝纶。奈病不可支，至江宁，遂遣姚夫人代吊，而自己留宁办事。

本月，先生在通州就文昌宫设筹议学费公所，参与者有李磐硕、张謇。

三月十二日，拜谒魏光焘。十四日，出下关，十五日，抵家。

四月一日，通州师范学校开校典礼，先生演说建学宗旨。

五月，姚夫人归桐城送父葬，葬毕即归。

闰五月，母亲成夫人卒。

十月，赴江宁，任三江师范学堂总教习。

十二月二十五日，杜云秋奉命治军淮上，陈三立招先生为之寿五十，先生赠联云：“自天一言大任集；先春五日寿觞开。”

光绪三十年甲辰（1904年）五十一岁

二月，整理诗集。

七月，患病痰涨，药疗无效。二十日，用击听法诊断病情为肺水肿，已漫及心脏。

九月十四日，乘舟往张謇家，九月十七日乃张父辞世十周年忌日，先生十年前因在天津未睹遗容，此番前往瞻其遗照，借以弥补平生之憾。十八日，回家，临行有集句联赠张謇：“学成师范，缙绅归慕；独持风裁，声名自高。”

十一月，肺病加剧，呼吸骤若游丝牵。

十二月四日，吐血瓯许。五日，张謇来探视。六日，张謇复来视疾，晚则以电话问之。八、九两日，病情貌似转好。初十日寅时，忽大吐血，血尽即绝，年仅五十一岁。

月底，范钟、范罕叔侄扶柩返通，张謇、刘桂馨、白作霖等为经理丧事。姚永概作墓志铭。

光绪三十一年乙巳（1905年）

正月二十二日，葬于东门外范氏之阡，乡谥先生曰“孝通”。

附录二　范肯堂墓志铭（姚永概）

太史公曰："诗三百篇，大抵皆圣贤发愤之所为作也。"岂不诚然乎哉？诗体至唐而大备，然世之论者，每称李白、杜甫二人者，途辙不同，其忧时嫉俗之情则一。厥后诗鸣者至多，而苏轼、黄庭坚、陆游、元好问为之最，四子之为诗，犹白、甫也。自是以降，兢兢于格律声色，公然模袭，其发愤也不深，则立乎中者不诚；中不诚则气不昌，气不昌则不足震动而兴起。

孔子曰："诗可以兴。"兴于发愤也。维我圣清载逾二百，五洲交通，艺术竞胜，仅恃一国窳败不振之故习，不足敌彼族之方新，而朝野之论又龂龂不可合并，故酿为甲午（1894年）、庚子（1900年）之再乱。于时范君起江海之交，太息悲伤，无所抒泄，一寓之于诗。其诗震荡开阖，变化无方，读者虽未能全喻精微，无不知爱而好之。以一诸生名被天下，噫！何其盛也。

君讳当世，字无错，号肯堂。世为江苏通州儒族。祖某，父某，皆不仕。君少，出语惊长老，壮而益奇。武昌张先生裕钊有文章大名，客江宁，君偕张謇、朱铭盘谒之，张先生大喜，自诧"一日得通州三生，兹事有付托矣"。其后，君弟钟、铠相继起，世又称"三范"，而称君为"大范"云。吴先生汝纶官冀州，见君与謇、铭盘唱和诗，贻书钩致，君亦乐依吴先生，遂之冀，而张先生亦来主讲保定，益相与论定古圣贤人微言奥义，学更大进。是时，君方丧前夫人，吴先生为介，聘吾仲姊，因就婚先子江西安福署中。先子故能诗，吾姊亦娴吟咏。君往来二年，得诗益多。其后，吴先生居保定，吾往从之。君方携吾姊客李文忠公所，见即饮酒赋诗，诙调间作。别十日不见君寄诗，即寄声诮责以为乐。迨甲午（1894年）战败，文忠公得罪，君与吾皆东归，不复北游，视曩时游燕如易世矣。

君初在冀，所教诸生多为通材，知名于世。家居及道途所遇人士，有一语之善，必扶植之，其经承君讲授者悉有成就，收科第者相望。两弟，一成进士，为令河南，一拔贡，朝考一等，为令山东，而君卒以诸生终。学堂令下，君已病肺卧，慨然强起，以助国家长育人才为己任。迂儒老生，极口訾嗷，至投书丑诋，君一接以和，面论文谕，使有端序。病且笃，就医上海，遂以光绪三十年（1904年）十二月初十日卒，年五十一。逾年，葬于通州东门外范氏之阡前夫人吴之右。吴夫人生二子：罕、况，皆诸生，有文学，足以推大君志。以况为弟钟子。一女，适义宁陈衡恪，早卒。后夫人姚。君所为诗尝自定为十八卷，合文十卷，藏于家。

方今海宇学术棼起，云变川增，治斯事者材力已患不给，而吾国文至繁奥，习之尤费日时，议者乃欲更张之就浅易。君诗虽至工，真知其意者无几人。数世以后，又孰能测君所用心乎？然巴比伦、埃及之古碑，希腊、印度之诗，西士好古者搜释之不余力也，以吾国文字精深微眇，实有不可磨灭者存，意必有魁桀之士宝贵而研索之，殆可决也，于君诗又何忧乎？

君事亲教弟，极于孝友，待朋友有终始。将葬，弟钟来问铭，未敢应也。既久，乃写所得于君者以抒吾哀，而系之以铭，铭曰：

猗与仁人，世有范君。大本既立，发为高文。若最其行，以儒而侠。友死孤稚，娟娟者妾。君引任之，以濡以沫。囊无一钱，求者踵门。计子而贷，汝裈汝饘。胸中恢恢，齐其仇恩。欺不汝疑，背不汝怨。有李生者，尝为人言：岂大奸与？不即圣贤。何奸何贤，有蕴弗宣。吾铭未信，曷读诗篇？

——《碑传集三编》卷三十九

附录三　范肯堂先生事略（金鉽）

国朝以古文推正宗者，佥曰桐城三家。惜抱既逝，石甫姚按察、挚甫吴京卿继起，而通州范肯堂先生亦以古文鸣于时。先生冶游武昌，受业于濂卿张学博，学博固得桐城之传者。又交于挚甫，继娶于姚，即按察之孙，永朴仲实、永概叔节之女兄也。师友渊源，学术益懋。先生自谓谨守桐城家法，然其为文独得雄直之气，纵横出没，随笔所如，无不深合理道，固不局局然于桐城绳度也。

先生性至孝，少贫力学，橐笔走四方，常南北数千里，必以岁时归省父母。后以亲年渐高，家居不更出。先生亲教授两弟中林、冑门，读书成通才博学，与兄齐名，世号为“通州三范”，怡怡笃友，挚爱比于父子。先生尝从容谓中林：“吾家庭之间，他日其改用殷礼乎!”先生初娶如皋吴孺人，早卒，为作《大桥遗照图》；继娶桐城姚孺人，贤淑能诗善书，家庭之间，雍雍如也。

先生交游满天下，遍历名川大山，所至公卿争倒屣迎之。李文忠方为直隶总督，闻其名，介吴先生礼请宾之，授公子经迈季高学。而文忠日晡退食，恒过先生论政事。先生感其意，亦出己见，多所赞助。是时中兴久，吴县潘文勤公、常熟翁尚书方锐意排缵古学，知名之士争趋集辇下。先生则慨然屏弃举业，独居深念，心忧天下事不可为，一意研究经世有用之学。凡后来次第兴革大端，先生举于先十余年悬策及之。会中日事起，京朝士大夫集矢和议，先生独违众论，以为未可轻开外衅，时论訾之，虽先生知交，亦有腾书相抵者，先生怃然谢曰：“是非听之，异日终当思吾言也。”文忠既罢总督，先生亦归通州，龉龁先生者犹不少息。先生自伤时命坎坷侘傺，发愤一寄之于诗，仰天浩歌，泣鬼神而惊风雨。世之称先生诗者，谓先生盖合东坡、山谷为一人也。

先生笃念亲旧故人，泰兴朱举人铭盘客死，收养其寡妾孤子于家。尤好奖拔后进，至典衣卖宅，资遣寒畯之士渡海求学，乡人之仰食于先生者常数十家也。

鉽少诣州应学院岁试，时先生养疴天宁寺之塔院，命弟冑门来召，与语曰：“孺子可教也。”由是执弟子礼。先生在天津，鉽以公车北上投谒，慰问饥寒，有若子弟。鉽既通籍，先生以书招至广州，先生时居广东巡抚许文肃公幕府也。

先生以父贞孝公、母成太孺人相继卒，哀毁成肺疾，就医上海，寓鉽书曰："金生，我五百里门生长也，宜知我!"及先生归榇通州，鉽奔赴会葬，见先生弟中林、肎门白衣冠跣行风雪中，号哭流血，道路观者感动涕洟，不能仰视。陈伯严吏部赋诗所谓"原路一棺寒雨外，衣冠数郡仰天时"者，是时作也。呜呼伤已!

先生讳当世，初名铸，字肯堂，通州岁贡生。弟钟，戊戌（1898年）进士，河南知县；铠，拔贡生，山东知县。子罕、矧，州学生员；女适义宁陈吏部子衡恪。

——《续碑传集》卷八十

附录四 《范伯子联语注·序跋》

章序

陈散原谓范伯子诗横绝千古，为有清三百年第一。第一与否，斯亦难言，于以见推服之至矣。近曾履川于伯子诗表扬尤力，要之伯子于光宣诗人中确乎为卓然大家，兼所为古文，散原亦以为出熙甫上，毗习之子，固为尤美云。夫以伯子之才力，即零简便笺略不经意之什，犹当迥异寻常，矧联语之必精思而后就者乎？履川自香港寄阅范伯子联语注，实九十一首皆情真意远，一如其诗。注出先生邑后学曹文麟，本事暸然，益觉切帖精工处为不可及也。玩味无穷，亟付影印三百本，与同好共赏之。

乙巳（1905年）仲夏月，章斗航识。

曹序

联语之始，可考者为蜀孟昶“长春”“余庆”之句。至宋、明而大行，至有清而极盛。曾湘乡与弟书，载挽胡润之中丞太夫人联，谓胡家联必多，此可望前五名否？则当时士大夫之重视可知也。吾友丁启之于中华民国元年殁，吾与诸友哀之，为广征挽联，而邑中遂成盛行联语之习，吾侪若以夸侈倡，甚悔之，而无以救矣。老辈所为，以顾晴谷、周彦升、范肯堂诸先生及张啬庵师为远殊于常，顾以典重高华胜，周以清隽胜，而肯堂先生、啬庵师之文则同出于昌黎，恒人尤望而却走。保君沄孙今属注肯堂先生联语，俾读者明其事迹而会其所托，是亦益后学之道也，因为强勉从事。识别诸句用圆点外，其圈点皆先生手录本自为之者。

曹跋

此依先生手录稿，亦有文麟庆吊时见之而此定稿已更数字者，癸丑（1903年）七月向大兄彦殊借读，遂敬写别本，今乃略释之。曾湘乡挽胡太夫人云：“武昌居天下上游，看郎君新整乾坤，纵横扫荡三千里；陶母为女中人杰，痛仙驭永辞江汉，感激悲歌百万家”，盖以声韵气概胜者，先生寿李子木之母及挽李文忠公下联有焉；至以度量胜，则有如观津书院云“如今比屋东西，稍有欢颜在风雨”，挽高节母云“与令子无一日之亲，感恸独因哀启语”，挽何眉孙云“登山常不乐，澹交多此一番游”，以及高等学堂联语之所云；以性情胜，则有如挽姚闲伯云“骨肉奇欢真有此”，挽顾伯母云“大兄有言，亲亡则身老，不知人间何世何年于我乎萧瑟”，挽马勿庵云“我未尝不义，已成天下负心人”，再挽樾艭云“于弟应极痛，父丧闻之，今日抚棺才一哭”，挽姚外舅云“我之今日亦何恨能加，惟有牵连并哭耳”，挽顾屺思云“痛不欲会其敛，尚留梦想在人间”，挽张又楼兄云“母且遗忘，兄于何有，伤哉一哭莫能容”。又有此稿不载曩闻诸人者，挽某君云“抚棺一痛，生平芥蒂细于毛”，凡此亦复几人能作？文麟尝与苦行诵于虫天奥庭前，徘徊焉神入苍莽之际，不胜其踌躇，盖别有索解处也。先生之作出于昌黎、半山、东坡、山谷之诗文，故习之者不当于联语求之，先生之性情与其度量，列之古人诚亦罕见，故师先生者又不当于文字求之。世有生平之行大异其所为文字者，而文字于是乃等于艺术，然案其辞核其文思，又安能穷深而抉奥，则诚伪不由斯判耶！呜呼！李生有言：“岂大奸与，不则圣贤。”文麟盖有以窥先生矣。若以遗辞言，文何必有派，而固不能无类。彼出于近代骈文、诗歌、词曲以至今世俗语者，各有其自然之美，特醇酒、蔗浆自殊其气味耳，附以语知言者。

曹文麟注毕复识。

附录五　赠挽伯子联语

张裕钊赠范伯子联：眼底町畦凌籍湜；袖中诗句压江山。（李葆光《先府君行述》）

吴汝纶贺范肯堂三十二岁寿诞：兄弟以头腹尾擅誉；文字与梅曾张代兴。（吴恭亨《对联话》卷五、胡君复《古今联语汇选初集·庆贺》）

陈三立挽范肯堂联：所学转负平生，偶以文章存国粹；小别真成后死，未来世界证心源。（《古今联语汇选补编·哀挽一》）

张謇联：万方多难，侨札之分几人，折栋崩榱，今后谁同将压惧；千载相关，张范之交再见，素车白马，死生重为永辞哀。（《张季子九录·专录》卷十《联语下·挽联》）

张詧联（张謇代撰）：公无渡河，公竟渡河，人去丧归，忍听挽歌迎槥翣；昊天不佣，昊天不惠，麟伤凤叹，更堪殄瘁到州乡。（《张謇全集》第五卷）

习艮枢联：斯人一去，绝世无闻，长与国魂同不复；大祸旁流，我身如寄，后来生命更难言。（《古今联语汇选补编·哀挽一》）

曹文麟联：奈何舍至行，述卅年间名士风流，东国号同文，燕书郢说多此类；恨未启归帆，申两月前上书本意，南州失重望，周情孔思更何人？（《觉庵联语》）

王拾珊联：文章乃末焉者也，大节所关惟孝友；征辟亦偶然事耳，先生原不在功名。（《蜷学庐联话》卷四）谨按：《古今联语汇选三集·哀挽一》亦选有此联，“乃”作“其”，“功名”作“科名”。拾珊，字琼馀（一作琼泽），为王葆原方伯子，工诗，为人旷达。

顾曾烜联：彩笔落人间，剧怜绝代文豪，白舫青莲依幕府；仙龛归海上，犹忆昔年诗谶，碧云黄叶在他乡。（肯堂先生死于上海）（《古今联语汇选三集·哀挽一》）

周彦升联：长卿遗封禅，子云草太玄，妇哭儿啼，只有高文寿金石；今年岁

在辰，明年岁在巳，君亡吾病，那堪厄运值龙蛇。（《古今联语汇选三集·哀挽一》）

姚永朴联：张濂亭得三士报先公，大名已达二千里；吴冀州以两书缔盟好，弱妹相依十五年。（范妻，姚妹也）（《古今联语汇选三集·哀挽一》）

冯熙宇联：记一月前正是行期，袖中携有诗篇，分手犹余残照在；近卅年间未尝家食，沪上况为国土，灵魂莫着异乡看。（《古今联语汇选三集·哀挽一》）

附录六　主要参考书目

1. 曹文麟. 范伯子联语注［M］. 浙西徐文蔚校刻本. 1933.

2. 王锡韩. 蜷学庐联话［M］. 铅印线装本. 1916.

3. 吴恭亨. 对联话［M］. 长沙：岳麓书社，2003.

4. 胡君复. 古今联语汇选［M］. 北京：商务印书馆，1935.

5. 李澄宇. 未晚楼联话［M］// 联话丛编. 南昌：江西人民出版社，2000.

6. 费师洪. 淡远楼联语［M］. 铅印本. 1924.

7. 姚鹓雏. 梦湘阁说觚［J］. 小说月报，1919（11）.

8. 高拜石. 新编古春风楼琐记［M］. 北京：作家出版社，2003.

9. 沈云龙. 近代史事与人物［M］// 近代中国史料丛刊：第63辑. 台湾：文海出版社，1971.

10. 梁羽生. 名联谈趣［M］. 上海：上海古籍出版社，1993.

11. 陆家骥. 对联新语［M］. 桂林：广西师范大学出版社，2005.

12. 龙公. 江左十年目睹记［M］. 北京：文化艺术出版社，1984.

13. 范曾. 南通范氏诗文世家［M］. 石家庄：河北教育出版社，2004.

14. 梁悦馨，莫祥艺，等. 通州直隶州志［M］. 刻本. 1875.

15. 沈铠，张謇. 民国南通县图志［M］. 南通：翰墨林印书局，1925.